✦ 亚洲经典著作互译计划 ✦

亚美尼亚史

HISTORY
OF
ARMENIA

（亚美）莫夫谢斯·霍列纳齐 *Movses Khorenatsi*＿著

迟文成　谢　军　龚振林＿译

辽宁人民出版社

图书在版编目（CIP）数据

亚美尼亚史 /（亚美）莫夫谢斯·霍列纳齐
（Movses Khorenatsi）著；迟文成，谢军，龚振林译 .
沈阳：辽宁人民出版社，2024.6.— ISBN 978-7-205
-11223-3

Ⅰ . K369

中国国家版本馆 CIP 数据核字第 2024MF4365 号

出版发行：辽宁人民出版社
　　　　　地址：沈阳市和平区十一纬路 25 号　邮编：110003
　　　　　电话：024-23284325（邮　购）　024-23284300（发行部）
　　　　　http://www.lnpph.com.cn
印　　刷：辽宁新华印务有限公司
幅面尺寸：145mm×210mm
印　　张：10
字　　数：200 千字
出版时间：2024 年 6 月第 1 版
印刷时间：2024 年 6 月第 1 次印刷
责任编辑：阎伟萍　孙　雯
封面设计：Sunny
版式设计：留白文化
责任校对：吴艳杰
书　　号：ISBN 978-7-205-11223-3
定　　价：98.00 元

目 录

第一章　大亚美尼亚族谱[①]

致函萨哈克，答应助其实现著史愿望

这是一部与亚美尼亚民族息息相关的历史著作，开篇即摩西·霍伦致萨哈克·巴格拉提德回函中的问候语：

> 承蒙阁下的盛情要求，我深知上帝的恩典不断在您身上呈现，圣灵不断强化对您的理解，此时此刻，我更了解您伟大的气魄与灵魂。您的请求不仅符合我的个人利益，而且也更契合我的职业属性。因此，我不但要赞颂您，而且还要为您祷告祈福，愿您永远能够得到上帝的庇佑。

---

① 大亚美尼亚的亚美尼亚语为 Hayots metsatt，是区分大亚美尼亚和小亚美尼亚的常用形式。族谱的亚美尼亚语为 tsnndabanut'iwn，是希腊语 γενεαλογία,（家谱）的一个直译词。

常言道，人类正因其理性思考才能得以上帝的形象示人，而且，如果理性只能用来推理，而您对推理又总有一种孜孜不倦的渴望，那么，您高深的洞察会不断地闪出智慧的火花，理性因此得到妆点，形象得以保存。于是，理性的原型就更加欢欣鼓舞，您高贵而节制的热情瞬间就被点燃，心中有了达到的目标而激动不已。

此时此刻，我十分清楚，在以前乃至当下这个时代，亚美尼亚的王公贵族没有给那些幕宾智者发出编书著史的命令，也从来没有想过引进其他圣贤的外援[1]。现在我们看到您有这种强烈的意愿，从这点就可以看出，您比历史上所有的先贤都更加出类拔萃，您将获得无上的赞誉，阁下大名足垂青史。

获悉您为国著史的请求，我深感欣慰，必将竭力完成这部作品，以便为您及后世子孙留下一座不朽的丰碑。您祖上出自一个历史悠久的古老家族[2]，不仅发

---

[1] 参见第一章"早期国王和王公的不学无术"，萨哈克被认为是赞助亚美尼亚历史著作的第一人。

[2] 对于传说中巴格拉提德家族的古老历史，参见第一章"亚美尼亚历史上国王父子相传的顺序以及具体数目"、第二章"瓦拉尔沙克被任命为亚美尼亚国王"等。

出过豪言壮语，坐拥众多名臣良将，还创下无数的丰功伟绩，在追溯父传子承的世系族谱时，我们要将历史长河演进过程中所有的历史大事全都记录下来。当然，所有亚美尼亚豪门贵族的起源和成长都会得到忠实地简述，这些内容都可在古希腊的史料中寻到。

历史事件频见迦勒底和亚述典籍，为何要借助希腊史料进行阐述

千万不要对此感到惊讶。每个国家都有自己的历史，波斯和迦勒底发现的许多史料中都提到了亚美尼亚及历史上发生的大事，然而我们却"言必称希腊"，并且已经从中成功整理出亚美尼亚的族谱。主要有两个方面的原因，一方面，希腊王在处理完内政后，不仅殷勤地向国人传颂自己的英雄故事，而且还传递国人的学术成果，就像被称为"爱姐姐的人"的托勒密，他认为把所有国家的书籍和故事传说翻译成希腊语是有用的。

但不要因我们把埃及王说成希腊王，就认定或诽谤我们无知。埃及王在征服了希腊之后就冠称亚历山大王和希腊王，而托勒密和埃及其他领主都没有被称之为王。出于对希

腊的热爱，托勒密把自己的作品都译成了希腊文。我们称其为希腊王还有许多其他原因，但顾及篇幅的精简，现有的描述已经足矣。

另一方面，许多希腊著名学者不仅关心将他国王室和寺庙的档案翻译成希腊文，正如我们发现有人曾敦促迦勒底的圣贤贝罗索斯来完成这项任务，但还要不辞辛苦到处搜寻最重要的、最令人钦佩的艺术珍品，集到一处并将其译成希腊语。比如迦勒底人的天文学著作、埃及人的测量学、腓尼基人的数学和色雷斯人的音乐，等等。有些人收集了这些文学作品，并将以此致敬希腊人的荣耀，我们知道这些人。他们应被赞为哲学家，因为在追寻他人作品时付出了努力和奉献了智慧；更值得称赞的是接受并推崇发现智者的那些人。因此，我毫不犹豫地将整个希腊称之为"科学之母"或"科学的孕育者"。

这足以说明希腊史学家的史料信息对亚美尼亚的历史著作和史学研究来说是十分重要的。

早期国王和王公的不学无术

我还是要对我们祖先的不学无术进行一些谴责，在我们著作的开篇就罗列一些给予谴责的理由。如果历史上那些下令修订编纂年鉴并对其文治武功记录的国王确实值得赞扬，那么从事书籍档案的编纂工作的人员也同样值得称颂。因此，在阅读他们的记述时，我们就会了解世界历史的进程，仔细阅读这些迦勒底人、亚述人、埃及人和希腊人明智的话语和叙述时，我们就会了解真正的文明。我们渴望研究的正是这些人的智慧。

很显然，我们的国王和其他祖先全都忽视学术研究，从不关心理性生活。尽管亚美尼亚是一个小国，人口有限，国力薄弱，还经常被外族统治，但我们这片土地上却发生了许多彪炳史册的英雄事迹。尽管如此，到现在还没有谁着手把这些事迹全都记录下来。他们从来没有想到令自己获益，并在史上留下一世英名，而我们却期望他们能够做出更大的功绩，讲述更早以前发生的事情①，那么我们对这些人的指责就无可厚非了。

但可能有人会说：这就是由于当时没有文字或文献记录，或者连年不断的各种战事从来就没有停息过。

然而，这些说法却站不住脚，毕竟战争之间也还有间

---

① 参见第一章"神话传说的发现者和发现地"。

隙，我们今天仍用波斯人和希腊人的文字在出版书籍，其中有大量关于十里八村，乃至私人家族及其争议和契约的记述，特别是那些与豪门贵族继承王位息息相关的历史[①]。在我看来，今天的亚美尼亚人似乎和过去一样，对学术研究或知识典籍并不迷恋。因此，对于那些未受教育、性情懒惰的野蛮族群，我们再说什么都是多余的。

但是，我对您丰富的思想还是感到非常惊讶，从亚美尼亚立国之初到现在，只有您一人勇于承担如此伟大的使命和任务，并向我们提出了这个要求，即用一部实用的长篇著作来书写亚美尼亚的历史，准确记述各个国王和王室皇族。从建筑巴别塔的混乱时期开始直到当下，其间包括家族世系的传承、世系族人的作为，无论本地的土著部落还是后来归化的异域族群，这些用文字记载的人物传记就是对您荣耀和喜乐的崇高礼赞。

有鉴于此，我只能如《约伯记》37:20 中或本土文献中所提到的那样发问，"是否有人自愿出一部这样的史书？"通过这些本土文献，我就可以像希伯来史学家一样，准确无误地

---

① 参见第二章"玛尔·阿巴斯·卡蒂纳典籍背后这段历史的出处""建城埃德萨并简述启示者家族""埃鲁安德试图抓住小阿尔塔什斯使他离开美索不达米亚""这段记载的来历"。

从太初之始一直记录到当下，或者反过来从当下推演到创世之初？只要我们同胞中有一人对这种劳动心存感激，我都乐意开始工作并为之付出全部努力。我将继续推进教会和基督徒未尽的工作，但重复异教徒关于世界起源的故事传说完全多余。我提到的后世著名人物也会与《圣经》中的描述相吻合，在必要时候我也会采用异教徒叙述的那些可靠信息。

其他历史学家对亚当和其他人类始祖看法不一致的现象

关于人类的起源，有人可能认为用"初源"一词来表述更为合适，为什么其他历史学家，如贝罗索斯、波里希斯托和阿比德努斯等人，对方舟的建造者和其他人类先祖的描述与上帝完全相左，他们之间对其名字和所处时代的看法也不一，但都没有提出令人信服的有力证据。我们必须考虑这一问题。

关于挪亚，阿比德努斯与其他人的看法一致，他说："至慈的上帝奖赏他，使他成为人们的护者和向导。"后来他还说道："阿洛夫罗斯在位统治时间长达三万六千年。"尽管他们也认可《圣经》中记录的关于大洪水和世界毁灭的说法，但他们用另外一个名字来称呼挪亚，并认为他与天地齐寿。同样，他们认为族长也有十位，包括西苏特拉。他们根据太阳的变化记录四季循环，测算年份也与我们略有不同，特别是与《圣经》中的年份完全不同，而且他们也不像古埃及人那样计算新月。同样，如果以某些神祇的名字来测算年份，他们也不能得到无数个名字来展现事实真相，他们现在可以随意增减这一数字。在此我们应尽力简要陈述他们的意见，并准确地记下每个人的真实想法。但鉴于目前作品的篇幅，我们会择机探讨上述这些问题，在此特略去这一部分，我们仅从可靠的史实开始讲述。

亚当是上帝所造的第一个人类。他活了130岁，生子塞特（《创世纪》5:3），塞特在105岁时生了以挪士（《创世纪》5:6）；正如约瑟夫斯所说[①]，关于未来事件的两个铭文都与他有关，虽然具体位置尚不清楚。以挪士是第一个被寄望求告上帝的人（参见《创世纪》4:26）。

那么，为什么他是第一个有望求告上帝的人呢？上帝怎么会理解他的"求告"呢？亚当真是上帝所造，据说他从上帝口中听到了这个指令。但他犯错后藏了起来，上帝问道："你在哪里？"（《创世纪》3:9）。同样，他听到上帝口中说出了这句话（《创世纪》3:17—19）。后来，亲近上帝并结识上帝

[①] 约瑟夫斯著《犹太古史》。

亚美尼亚史

的亚伯献上祭物，上帝也欣然接受（《创世纪》4:4）。上帝接纳献祭并且知道这其中的一切，但为何是那人第一个被召来求告上帝，并且还被寄予希望呢？其余关于上帝的推测，我们可以遵从自己的选择。此处先让我们谈谈近在咫尺的事情。

自从人类的始祖因其罪恶触犯了诫命，他被上帝赶出伊甸园（《创世纪》3:23—24）。后来，亚当的儿子中与上帝最亲密的一个被他亲兄弟杀死了（《创世纪》4:9）。从那以后，再也没有上帝的话语或神的启示出现，人类处于怀疑和绝望之中，只能为所欲为做自己喜欢的事了。在这些人中，以挪士满怀希望和正义求告上帝。但这种"求告"有两种理解：一种是叫出已忘却的名字，另一种是召唤神灵的帮助。叫出遗忘的名字此处显然不合情理，因为上帝给万物命名还没有经过几年，上帝创造的那人也还没有作古安葬。所以他应该是求告上帝来帮忙。

以挪士 90 岁时生下了该南；该南 70 岁时生下了玛勒列，玛勒列 165 岁时生下了雅列，雅列活到 162 岁的时候生以诺；以诺在 65 岁时生了玛土撒拉（《创世纪》5:9—21）；在玛土撒拉出生后的 200 年间，他一直与上帝同行，过着充实愉快的生活，据说上帝把他从不敬神的子孙中接走了（《创世纪》5:24）。关于这一点，我们稍后再展开阐述。玛土撒拉在 165

岁时生了拉麦；拉麦在 188 岁时生了一个儿子，给他起名叫挪亚（《创世纪》5:25—29）。

关于挪亚的记述

《圣经》为何在表述挪亚的出生时使用的是"……生了一个儿子"，而在叙述其他人出生时都只是"……出生了"？他父亲关于他又作了一个完全相反的预言："上帝曾咒诅这地，以致我们工作劳苦；这孩子必使我们从辛劳和工作中得安慰。"（《创世纪》5:29）这并不是什么安慰，乃是毁灭地球上的一切。在我看来，安慰就意味着灭亡，也就是说，通过消灭第二纪罪恶滔天的人类来毁灭世间的一切亵渎和邪恶。他说得好，正是我们"无法无天的行为"和"劳碌的双手"犯下世间最龌龊的罪孽。但事实上，就像挪亚时代那些荒淫邪恶的人们所遭遇的一样，并非每个人都能得到这种安慰，当邪恶被洪水冲走而世间得到净化，只有道德高尚的人才能得到真正的安慰。但是《圣经》上尊他为继承祖上美德的高尚之子而使其青史留名。

挪亚三个儿子后裔亚伯兰、尼诺斯、亚兰之前的和睦族谱，此尼诺既非彼勒也非彼勒之子

众所周知，编写纵贯古今的历史并开展研究最劳神费力，若要研究挪亚三个儿子一脉相承的父系血统则更是难上加难。只要是研究同时代的人，特别是《圣经》已把自己的族谱作为特殊的一类民众区分开来，认为其他的族谱都粗鄙不堪，不值得浪费自己的笔墨而将之束之高阁。我们由此开始细述古老故事传说中一些值得信赖的史料，这里没有任何的伪造成分。细心的读者现在可以看到三个世系的一脉相传，当你看到亚伯兰、尼诺斯和亚兰这些人的出现，一定会惊叹不已。

据《圣经》记载，闪100岁的时候生了亚法撒，那时刚好是洪水过后的第二年（《创世纪》11:10）。

闪

闪100岁时生下了亚法撒，

亚法撒135岁时生下了该南，

该南120岁时生下沙拉，

沙拉130岁时生下了希伯，

希伯134岁时生下了法勒，

法勒133岁时生下了拉吴，

拉吴130岁时生下了西鹿，

西鹿130岁时生下拿鹤，

拿鹤79岁时生下了他拉，

他拉在 70 岁时生下了亚伯兰。(《创世纪》11:12—26）

含

含生了古实，

古实生了麦西，

麦西生了宁录，

宁录生了巴布，

巴布生了阿内比斯，

阿内比斯生了阿尔贝，

阿尔贝生了卡亚，

卡亚生了第二个阿尔贝，

阿尔贝生了尼诺斯，

尼诺斯生了尼努阿斯。[①]

雅弗，又名亚贝特

雅弗生了歌篾，

歌篾生了提拉，

提拉生了陀迦玛，

---

① 这个列表不完全符合《圣经》的记载。在《创世纪 10》中只有含、古
实、麦西和宁录出现。

陀迦玛生了海克，

海克生了阿拉马尼亚克，

阿拉马尼亚克生了阿拉马伊斯，

阿拉马伊斯生了阿玛斯亚，

阿马斯亚生了格拉姆，

格拉姆生了哈梅，

哈梅生了亚兰，

亚兰生了英俊的亚拉。[①]

现在所有的年代学家都视该南为挪亚的曾孙即闪的孙子。同样，他们视提拉为挪亚的曾孙，而雅弗则成了第三代人，但根据我们翻译的《圣经》，在原始列表的任何地方都找不到他这个人。在我们翻译的材料和年代学家的记录中都没有找到挪亚的曾孙、含的孙子麦西。但我们却发现有个非常博学的叙利亚人把他放在上文中的那个位置上，他说的话在我们看来应该是比较可信的。因为麦西就是梅斯拉伊姆，意为"埃及"[②]。许多编年史家说宁录就是来自埃塞俄比亚的彼勒，他们说服我们

① 这个列表不完全符合《圣经》的记载。《创世纪10》给出了雅弗、歌篾、提拉和陀迦玛，亚兰是闪的儿子。

② 麦西在《创世纪》10:6 中是含的儿子，古实的兄弟。

接受这个事实，因为彼勒当年就生活在埃及的边界地区。

此后，我们会说：从含到尼诺斯之间这几代人的时间在其他地方都没有人统计过，或者我们从来都没有提到过，尼诺斯本人也没有任何确切的历史记录，当然也没有我们先祖雅弗的记录，但上面的谱系是可靠的，因为三支世系历经11代，直到亚伯兰、尼诺斯和我们的祖先亚兰。因为亚拉是尼诺斯之后的第十二代，可惜他英年早逝。这都是事实，没有人会怀疑，因为阿比德努斯完全值得信赖，他告诉我们所有这一切："尼诺斯是阿尔贝的儿子，阿尔贝是卡亚的儿子，卡亚是另一个阿尔贝的儿子，这个阿贝尔是阿内比斯的儿子，阿内比斯是巴布的儿子，巴布是彼勒的儿子。"同样，他把我们的族谱从海克排到被好色的塞弥拉弥斯杀死的美男子亚拉，具体如下："英俊的亚拉是亚兰的儿子，亚兰是哈梅的儿子，哈梅是格拉姆的儿子，格拉姆是阿马斯亚的儿子，阿马斯亚是阿拉玛伊斯的儿子，阿拉马伊斯是阿拉玛尼亚克的儿子，阿拉马尼亚克是海克的儿子，海克是彼勒的死敌，也是最后杀死他的那个人。"阿比德努斯在他卷首详细的家谱中告诉了我们这些，但后来有人却隐瞒了这一点。

塞菲利翁也是这些历史的见证者，他在其中一章中说道："在工作之初，我们详细记录了宫廷档案中的所有家谱。但是我们收到了国王的命令，要把古人中那些微不足道和心地邪恶之徒全都删去，只保留那些勇敢睿智和杀伐制胜的祖先，不要把时间浪费在无用的地方。"等等。

有些人认为尼诺斯就是彼勒的儿子或彼勒本人，在我们看来，这些人根本不知道事实真相，因为无论是家谱的记载还是年数的统计都不能给出证明。也许有人为了出名，认为这一切也都合情合理，于是就把遥远的历史拉近到当下来。

我们在希腊人的文献中确实发现了这一现象：虽然希腊人把迦勒底人著作译成自己的语言，迦勒底人也许出于自己的意愿，也许受国王之命不得已而为之，承担了该项翻译任务的埃利奥斯和其他人等就是如此，但我们认为他们都是希腊人，因为我们尊其为师，从他们那里获取信息。

其他古史学家[①]与摩西的说法意见不一，哲学家奥林匹奥多罗斯口述的古代故事

我们尽可能对许多可靠的史料进行筛选，列出了挪亚三个儿子的世代繁衍，直到亚伯兰、尼诺斯和亚兰这一代出

---

① 古史学家，参见第一章"塞弥拉弥斯死后发生的事情"、第二章"关于卡帕多西亚的凯撒利亚主教费米利安及其生平"了解抽象的古代史。

现。任何心怀正义感的有识之士都不会反对这一做法；但如果有人打算颠覆整个史实体系，就让他尽情地把真实的叙述变成故事传说吧。但是对这类事情的具体处置，就按他们自己的意愿来酌定吧。

如果在工作中对我们的警觉和努力有所感激，那么追求学问的朋友就成了我们劳作的守护神。现对上述内容进行简要的概括：最早的说书人欣喜记录了这段历史，虽然尚不能断言这段历史存于皇家文库的说书脚本，但还是有人心血来潮或因他故改变了其中的名称、故事情节和时代背景从而留下一些史料。至于创世纪和太初时代的那段历史，有时这些古史学家说的是真相，有时则纯粹是在撒谎。例如，他们称第一个被上帝创造的那人不是普通人，而是一个国王，于是给他取了一个蛮族的名字，赋予他三万六千年的统治时间。在提到人类祖先和史前大洪水时，他们的意见趋于一致，完全同意摩西的说法。当洪水过后，他们列举了建塔前的三个著名人物，在西苏特拉来到亚美尼亚后，他们的叙述没有任何问题；但他们会改换名字或者利用其他的方式进行撒谎。

我很乐意在叙述中引用预言家贝罗索斯的说法，他比大多数史学家都要诚实。他说："在巴别塔出现之前，人类还没有成为多语种族，但西苏特拉到了亚美尼亚之后，这片土地的统治者就是兹鲁万、泰坦和雅佩托斯特。依我看来，他们就是闪、含和雅弗。"

他说："他们在对全部领地进行分治时，兹鲁万占据了上风，另外两人都被迫臣服于他。"巴克特里亚人（即米底人）的法师国王查拉图士特说兹鲁万就是太初始祖即众神之父[①]。他还讲述了许多有关兹鲁万的其他故事传说，但现在再重述这些故事传说就显得不合时宜了。

他又说道："当兹鲁万成为一代暴君时，泰坦和雅佩托斯特都反对他，兹鲁万挑起了战争，因为兹鲁万想让自己的儿子成为国王并独霸天下。在这种乱局中，泰坦夺取了兹鲁万的部分领地。但他们的姐姐阿斯特里克出面调停，通过一番劝说制止了这场内乱，他们承认兹鲁万的权威地位，但却立下了一个誓约，即杀死兹鲁万所生下的每一个男婴，目的就是防止他通过其后代继续统治。于是，他们便让泰坦族的强人来监督兹鲁万妻子分娩。他们守约杀死了两个男婴。姐姐阿斯特里克和兹鲁万的妻子一起决定说服泰坦族人给其他的孩子留条活路，并把他们送到西边的一座大山中，那座山被称为迪沃恩克斯山，即现在的奥林匹斯山。"

---

① 查拉图士特，即索罗亚斯特，见第一章"塞弥拉弥斯杀子，摆脱索罗亚斯特大法师逃亡至亚美尼亚，终被其子尼努阿斯处死"。

有人认为这些只不过是神话传说，有人则认为这些都是历史事实，我也相信这其中有很多都是历史上真实发生的事。塞浦路斯康斯坦蒂娅主教埃皮法尼乌斯在其《驳斥异端说》中表明，上帝是体现真实和正义的，哪怕以色列的儿子毁灭了七个种族（《使徒行传》13:19）。他这样说道："上帝在以色列的儿子面前毁灭这些种族完全体现了公正，在分割领土时，这些土地已经落在闪族子孙手中，但含族发动攻击，并以武力夺取了那片土地。上帝保留了所立誓约的权利，对含族实施报复，将他的遗产都归于闪族子孙。"现在《圣经》里提到了泰坦族和利乏音（《列王记（下）》5:18和《申命记》2:11等）。

某些早期希腊智者口头流传的古老故事通过作家高尔吉亚、巴南和一个名叫大卫的人流传到亚美尼亚，我们肯定要简要地重复这些故事。其中有位哲人这样说道："我和希腊人一起探究人类智慧，有一天，话题碰巧提到了地理和种族划分。在解释书中故事时，每人都有自己独特的方式，但能力最强的是一个叫奥林匹奥多罗斯的人。他说，'那些流传下来的故事全是靠村民口口相传流传下来的，直到今天。有一本书是写西苏特拉和他儿子的，但这本书已经失传，书中有下面的叙述：西苏特拉乘船来到亚美尼亚，发现这里土地干燥，他的儿子闪去西北方勘察地形。他看到一座延绵大山，山旁就是一小块平原，一条河流从那里流向亚述，他在河边徘徊了两个月，以自己的名字为这座山取名西姆山①。然后他原路返回。但是他的小儿子塔班，连同他30个兄弟、15个姐妹以及她们的丈夫，都离开老父亲，他们住在同一条河的岸边，他把这个地方叫作"塔伦"②，他把原来居住的地方叫作"塔伦克"，毕竟孩子们分家离开最初都有一定的原因。据说，就是这个塔班在巴克特里亚③地界住了几天，他的一个儿子就留在了那里。东部地区称为闪兹鲁万。到如今，那地方一直就叫沙鲁安④。'"

亚兰以前的古代先人经常在里拉琴⑤的伴奏歌谣中提到过这些事情，这些故事的真假与我们无关。但在本书中我重复了所有的故事传说和有记录的历史事件，你可以了解到全部史实并能感受到我对读者的真挚敬意。

---

① 西姆山，萨逊地区的一座山。

② 塔伦，凡湖以西的一地区。

③ 巴克特里亚，位于亚美尼亚的东部边境。

④ 沙鲁安，亚美尼亚东南部一地区。

⑤ 里拉琴，一种用于唱歌伴奏的乐器。

简短论证：世俗作家眼中的彼勒实际上就是《圣经》中的宁录

我们的祖先海克就生活在彼勒的那个时代，不同作家讲述的故事往往会有不同的版本。但我认为，克罗诺斯和彼勒就是宁录，与摩西观点一致的埃及人就是这样，他们提到了赫菲斯托斯、太阳神、克罗诺斯（即含、古实和宁录）而漏掉了麦西。他们说赫菲斯托斯是第一个人类和火的发明者。为什么他被称为火的发明者，为什么普罗米修斯要从众神那里盗取火种给人类呢？这是一个故事传说，但我们此处不便详细地讲述和列举。埃及各王朝的顺序，以及从牧羊人王朝到赫菲斯托斯年代计数都证明了这一点，这与《希伯来书》中从约瑟一直到闪、含和雅弗的记述完全一致。

但此事就到此为止吧。如果把建造巴别塔到现代的所有事件都记入历史来启迪智慧的话，特别是我们眼下要完成的任务还遥遥无期，而人生又充满了诸多不确定性，什么时候才能讲到你们所钟情的故事呢？但我还是会尽力展示亚美尼亚的历史起源和发展历程的。

神话传说的发现者和发现地

波斯和帕提亚国王阿尔沙克大帝在种族上属于帕提亚人。据说，他在抗击马其顿之后统治了整个东方和亚述。他杀死了尼尼微国王安条克，令全天下人都臣服于他。他让其弟瓦拉尔沙克成为亚美尼亚国王，认为这样就可以使自己的统治稳如泰山。他将尼西比斯赠给其弟作为首都，领土包括叙利亚西部、巴勒斯坦、亚细亚、整个安纳托利亚[①]和特塔利亚[②]，本都海到高加索山脉与西海[③]的交汇处也被纳入势力范围，阿塞拜疆和其他"思想和勇气所能触及"的那些地区都成了边疆领地。他说："勇者的边疆依靠手中的武器；剑锋所指之处，皆为王权所属之地。"

瓦拉尔沙克开启他的统治，堂而皇之地管理起自己的公国，他想知道在他统治之前，是谁和什么样的人曾经统治亚美尼亚：他所继承的王位来自勇士还是懦夫？于是找到了叙利亚人玛尔·阿巴斯·卡蒂纳，此人不仅十分勤奋，还精通

---

① 安纳托利亚，一般指希腊和本都海之间的土地，是亚细亚行省的一部分。
② 特塔利亚，在巴克特里亚方向。
③ 西海，即里海。在帕提亚人来看，里海位于西方。

迦勒底语和希腊语，于是就派他带着价值不菲的金饰去求见他的皇兄阿尔沙克大帝，请求打开王室档案以求答案。于是，他就写信给阿尔沙克，内容如下：

亚美尼亚国王瓦拉尔沙克致波斯王阿尔沙克大帝的信

胞弟瓦拉尔沙克蒙恩受封亚美尼亚国王，谨致陆海之王阿尔沙克状如万殿之神，福运远胜万邦之主，博大胸怀如俯瞰大地的长空，恭祝春秋鼎盛，常胜永伴。

自从接到磨砺勇气和锻炼智慧的命令之后，我从未忽视您的高见，在力所及的范围之内，每一件事情我都兢兢业业。现在，我辖区的治理因您的挂念而越加稳定，我决定找出之前统治亚美尼亚这片土地的王公贵胄，以及现公国的起源。这里等级秩序尚不明确，对神庙的崇拜也是如此。在这个国家的众多领主中，不清楚谁为开国太祖，谁是末代之君，没有任何典章礼法的规定，一切都无比混乱，远非文明开化之地。

因此，我恳求陛下诏令开启王室档案，找到臣

弟所望之信息，赐给尊前差使，令他即刻带回。我
心昭然，一旦遂愿我之快乐也必是您之欣怡。恭祝
大帝圣安，与神同在，功在万代。

当阿尔沙克大帝从玛尔·阿巴斯·卡蒂纳手中接过这封
信后，他欣然下令把尼尼微[①]的皇家档案陈列案前，同样令他
高兴的是，受托管理半个王国的自家兄弟竟然有如此想法。
玛尔·阿巴斯·卡蒂纳检查了所有的典籍档案，发现了一部
希腊文典籍，上面有如下文字：

本书开篇

　　本书包含了古代先人的真实记述，应亚历山大
敕令由迦勒底语译成希腊语。

他说，这本书的开篇涉及兹鲁万、泰坦和雅皮托斯特；
书中包含了这三位世袭君主的每一个后代及史上各时期的名
人雅士。

———————

① 尼尼微一直都不是帕提亚的首都，但它确实拥有楔形文字记录的亚述档
　案。参见第一章"亚拉的事迹及其命丧塞弥拉弥斯乱军之中"，其中提到
　它作为塞弥拉弥斯的都城。

玛尔·阿巴斯·卡蒂纳从本书中只选取了亚美尼亚民族可靠的史料信息，并把相关的希腊文和叙利亚文版本带回尼西比斯交给国王瓦拉尔沙克。风度翩翩、骁勇善战的瓦拉尔沙克，不仅精通弓箭，能言善辩，而且才智过人，他接受这些典籍档案后视为珍宝，不仅放在宫殿里悉心保管，还下令将其中一部分铭刻在石碑上。我们由此确定了故事传说发生的先后顺序，现为满足读者的好奇，谨将其重复一遍。我们祖上公国一直可以追溯到迦勒底人萨尔达纳帕洛斯时期，甚至更加久远的古代。本书是这样开始叙述的：

　　起初，众神既令人闻风丧胆而又名声远播，他们使大地得到无尽的祝福，大地因此而诞生，人类开始繁衍生息。其中人类的一个分支巨人族面目狰狞，身高力大，狂妄地萌生出建造巴别塔这一邪恶计划。他们着手开始进行这项工程时，愤怒的众神扬起一股可怕的神风，吹倒并肢解了这座建筑，他们传授给人们彼此无法理解的语言，这给人们带来了极大的混乱。海克就在这群人中，他是英明神武的雅皮托斯特王公的后裔，他本人擅长骑射，拉弓孔武有力且箭无虚发。

这篇叙述应到此为止，我们并不是要书写一部完整的历史，而是要指出我们最初的始祖。在本书中，我们将开始记述：雅佩托斯特、米罗德、希拉特、塔克拉德，这些人分别是雅弗、歌篾、提拉、陀迦玛。此后，这位编年史家继续记述海克、阿拉马尼亚克以及族谱上按序排列的其他人的故事。但我们早些时候已经提到过这些人物了。

海克起义

据说，海克长得英俊潇洒，留着一头卷发，双目炯炯有神，手臂粗壮有力。在巨人族中，他最勇敢、名声最大，是所有觊觎巨人族大英雄这类绝对统治者的强劲对手。人类在极其凶悍的巨人族夹缝中繁衍生息，逐渐蔓延到广袤地域，海克无畏地向彼勒的暴政发起反抗。当时每个人都在怒气冲冲地拔剑攻击邻居侧翼，都想方设法去控制对方。这种情况使得彼勒得以在国内实施暴政。海克对此却不肯听之任之，他在巴比伦生下儿子阿拉马尼亚克，随后就带着儿孙和所有男丁军士约三百人往北方的阿拉拉奔去。他带着家仆和追随他的外乡人及所有的财物来到山脚下的一处平原，那里住着一些早年散居此地的一些人。海克将这一切都统统划归自己所有，并在那里安居乐业，把土地分给阿拉马尼亚克的儿子卡德莫斯继承。上面提到过的那些古老的口头传说有这些内容。

玛尔·阿巴斯·卡蒂纳说，海克自己带着其他随从去了西北。他来到一处高原定居下来，给那里起名哈克[①]高原，陀伽玛家族的祖先就住在那里。他还建造了一座村庄，并以自己的名字命名为"海克村"。这段历史还记载着，在这片平原南侧有一座绵延大山，山脚下居住着自愿臣服的一群人。这又证实了上面提到的那些口头传说。

战争与彼勒之死

玛尔·阿巴斯·卡蒂纳继续说道：泰坦族的彼勒实现了大一统后，他派一个儿子带着心腹去北部地区讨伐海克，迫使其屈服，这样他们就可以过上无忧无虑的太平生活。他说："你们已在冰冷严寒之地打造了自己的住所；现在我想用温暖来融化你冰冷傲慢的行为，归顺我吧，在我帝国疆域内你可以任选心仪的地方安居乐业。"但海克断然回绝，并把彼勒使团的使者遣回了巴比伦。

后来，泰坦族的彼勒召集了军队来对付海克，大批的步兵军团到达了北部地区，进犯卡德莫斯家族附近的领地阿拉拉。

---

① 哈克，凡湖西北图鲁伯兰地区。

卡德莫斯随即逃往海克那里，并提前派出了快马斥候。"你知道吗，"他说，"无上的大英雄啊，彼勒正带着英勇的神兵和身量高大的巨人武士向你这里进发。他离我的领地已经很近了，我只能逃跑。你看，我急匆匆地赶来，请你赶快决定怎样应对。"

现在，彼勒带着那盛气凌人和咄咄逼人的各路大军，宛如一股汹涌的洪流倾泻而下，瞬间抵达海克的地界，他完全相信士兵的气势和活力。此时，这位聪明谨慎的巨人，留着一头卷发和眨着炯炯有神的一双大眼，匆忙将他的男丁儿孙和手下人召集起来，这些人数量不多但十分勇敢，弓马娴熟。他来到一片有小鱼的咸水湖边，把军队召集到这里，并对士兵动员道："我们要去对抗彼勒的军队，让我们努力冲到彼勒站立的地方，尽管有勇士把他保护在中间。我们要么战死，让我们的财产全部落入彼勒之手，要么向他亮出我们的武器，打散他的军队进而获得最终的胜利。"

他们向前走了许多公里，来到高山之间的平原，在溪水右边一片高地上停了下来。他们抬头窥见彼勒的军队杂乱无章地散布在阵前，一个个桀骜不驯，气势汹汹。但彼勒像一座瞭望塔一样，气定神闲地站在水流左边的一座小山上，那里驻有一大群军队。海克认出了彼勒，他带着精选的武士组成小队走到队伍前面，和其他部队之间已经离开了很大一段距离。他戴着一顶独特羽饰的铁头盔，后背和前胸都有青铜束甲护体；腿部和手臂也都佩有护甲。腰上系着带子，左肋下挂着一把双刃剑。他右手提着一杆巨大的长枪，左手拿着一面盾牌，精选的武士站在左右两厢。海克看到这位如此全副武装的泰坦族对手和分列在他两边的精选队伍，就让阿拉马尼亚克和两个兄弟站在右边，卡德莫斯和他的另外两个儿子站在左边，他们都是张弓持剑的高手。他自己突前，其他部队居后，组成一个三角阵形。排好阵形后，他们一点点向前推进。

双方巨人开始扭打起来，在进攻中，大地上响起了可怕的咆哮声，由于猛烈的攻击，这些巨人给对方带来了无可名状的恐惧。双方巨人很多都被刀剑所伤，在地上翻滚，顷刻间一命呜呼。交战双方打得难舍难分，不分高下。看到战果未定，泰坦王心生胆怯，立刻开始撤退。他从刚刚上来的那座山头开始回撤，他认为，身在大军之中最为安全，他可以等到全军到达后再有次序地列阵迎敌。然而熟练的弓手海克识破这个伎俩，继续向前压进，接近敌方国王后拉紧宽弧弓，对着他的胸甲射出了三棱箭。这支箭刺穿了他的后心，插在了地上。飞扬跋扈的泰坦族就这样灭亡了。彼勒失身跌倒在地，顿时灵魂出窍。他的队伍虽然英勇善战，但看到这可怕的一幕，也都在他面前四下奔逃。关于此事，就暂时说到这吧。

由于战事获胜，海克就在战场上建造了一座庄园，并称之为"海克"，这个地区现在被称为亚美尼亚山谷①。彼勒及其勇士长眠的那座山，海克叫作"格列兹曼山"，今天这里被称为"格列兹曼克"。卡蒂纳说，海克用药物对彼勒的尸体进行了防腐处理，然后下令把尸体带到哈克，并将其葬在能够看到他妻儿的高地。现在，我们的国家被叫作"海克"（"亚美尼亚"的另一说法），就是以我们祖先海克的名字命名的。

海克家族的后代其人其事

在本书中很多历史大事都有提及，但我们只保留必要的内容。

据说，海克后来回到自己原来的住所，把战争中获得的大部分战利品和最英勇的战士留给了孙子卡德莫斯。他令卡德莫斯住在他早年建的第一座房子里，他自己则来到哈克高原并在那里安居。又过了几年，他在巴比伦生了阿拉马尼亚克，我们前面说过这事②。此后没过几年他就去世了，整个国家就交给儿子阿拉马尼亚克。

---

① 亚美尼亚山谷，凡湖东南部的一个地区。
② 第一章"海克起义"中，写到阿拉马尼亚克是在与彼勒开战前出生的。

阿拉马尼亚克将他的两个兄弟霍夫和马纳瓦兹及其全部随从留在一个叫哈克的地方，留下的还有玛纳瓦兹的儿子巴兹。在这些兄弟中，玛纳瓦兹继承了哈克的领地，而他儿子巴兹则继承了西北的盐湖岸边一带，并以自己的名字称呼这片湖区[①]。据说，从这里衍生出了马纳瓦泽安、布兹努尼克和奥杜尼三个公国，在圣提里达特时代以后，这些公国都毁于该地区的相互攻伐。但霍夫在北方地区繁衍生息，建立了自己的领地。据说从他那里衍生出了伟大的霍尔霍鲁尼家族统治的公国，该家族勇士和名人辈出，就像当今时代那些名人一样。

阿拉马尼亚克率领其他人去往东北方向。他来到一个高山包围的深谷，谷底有一条汹涌的河流从西边流过。东部的平原平铺开去，一直延伸到向阳的一侧。山脚下涌出许多清澈的溪流，这些小溪汇集成和缓的小河。小河就像年轻时代漫步的少女流过山脚和平原的边缘。北山面对着太阳，熠熠发光的白色雪峰拔地而起。正如一位同乡所说，全副武装的部队要想包围它得走上三天三夜。这山逐渐升到一个陡峭的地方，远远望去就像一群年轻人中出现的一位老者。阿拉马尼亚克就居住在深藏此地的平原中。他在北部开垦了部分平

---

① 指凡湖，湖的北岸是布兹努尼。

◆ 亚美尼亚史

原，在同侧山脚下开出一块地并以自己的名字"阿拉加茨"来称呼这座山，阿拉加茨山脚就成了他的私人财产。

现在史学家一直都在讲述这个奇妙的事实：在我们的祖先海克到来之前，在这片土地上很多地方都已经有一些散居人群了。

又过了几年，阿拉马尼亚克生了阿拉马伊斯后又过了许多年才去世。他的儿子亚拉马伊斯在河边的一座山上建造了自己的住所，并以自己的名字命名为阿尔马维尔，他用孙子伊拉斯特的名字给那条河起名伊拉斯克河。而他的另一个儿子沙莱有很多孩子，这需要大量的食物，他带着家眷去了附近一片肥沃的平原，这片平原有很多河流，地处阿拉加茨山北侧。据说这一地区就以他的名字命名希拉克。因此，在村民中流传的谚语似乎是合理的："如果你占据了沙莱的咽喉地带，我们就失去了希拉克这个谷仓。"这个亚拉马伊斯又过了几年，生了儿子阿玛斯亚后，没过几年也去世了。

阿玛斯亚住在阿尔马维尔，几年后，他生了格拉姆，在格拉姆之后，又生了勇敢的帕罗克和茨拉克。生了这几个孩子之后，阿玛斯亚在北山附近渡过河水并在山脚下洞穴旁花大力气建造了两座房子：一座在东，靠近山脚下的泉眼，另一座在其住所以西，步行大约要走半天。他把这些作为遗产留给了自己的两个儿子，英勇的帕罗克和敏捷的茨拉克。两个儿子住在这里，以自己的名字分别给这两个地方起名叫帕拉克浩特和托索拉科特。但阿玛斯亚以自己的名字称那座山为马西斯山，他自己又回到了阿尔马维尔，没过几年也去世了。

几年后，格拉姆在阿尔马维尔生了哈梅。他把哈梅留在阿尔马维尔和他的儿子们生活在一起，格拉姆自己则绕过东北的另一座山来到一个湖边。他在湖边定居，让人们都住在那里。他用自己的名字给这座山取名为格尔山，给村庄取名为格拉库尼，格拉姆湖也因此而得名①。他在这里生下了儿子西萨克。西萨克身体健硕又十分讨喜，长得相貌英俊，口才出众，还能熟练地使用弓箭。格拉姆把大部分的财产和众多的仆人都留给了这个儿子，他明确了西萨克继承产业的边界，从东部的湖泊到平原地带。阿拉克斯河（即上文中的伊拉斯克河）侵蚀了山脉岩洞，穿过狭长的峡谷，伴随着可怕的水流一路咆哮流到这片平原。西萨克就住在这里，他在领地范围内建满了房屋并以自己的名字为这一地方命名休尼克。但波斯人更准确地称它为西萨坎。亚美尼亚的第一位帕

---

① 格拉姆湖，即塞凡湖。

亚美尼亚史

提亚国王瓦拉尔沙克，在那里发现了本族同宗的后代，他把那些有名的西萨坎人任命为领主。瓦拉尔沙克这样做有充分的历史证据，但事情具体的来龙去脉，我们将在合适的时候再进行叙述。

格拉姆自己回到平原，在山脚下安全的山谷里建了一个小镇，并以自己的名字命名格拉米镇，后来又以孙子加尼克的名字改名为加尼。在瓦拉尔沙克的孙子阿尔塔什斯时代，后人中一个名叫瓦拉兹的年轻人，骑射娴熟，擅长捕猎野鹿、野羊和野猪。阿尔塔什斯让他负责皇家猎场，并赐给他拉兹丹河①岸边的一个村庄。他们说，瓦拉兹努尼家族就是从他那里传下来的。而这个格拉姆，如我们前文所说，生了哈梅，但没过几年就去世了。他令儿子哈梅住在阿尔马维尔。

海克就是亚美尼亚人的始祖，他是陀迦玛的儿子，陀迦玛是提拉的儿子，提拉是歌篾的儿子，歌篾是雅弗的儿子。以上提到的这些人名和地名都是其家族子孙和那个时代的住地。后来他们在那片土地上继续繁衍生息，开枝散叶。

又过了几年，哈梅生了亚兰。据说亚兰在战斗中表现神勇，他四处扩张扩大了亚美尼亚的疆域。所有种族都以他的名

---

① 赫拉兹丹河，阿拉克斯河的支流。

字来称呼我们生活的这片土地：比如希腊人称呼我们"亚美尼亚"，波斯人和叙利亚人称呼我们"亚美尼克"。但是关于他个人完整的人生经历和英勇事迹，他所有的丰功伟绩和高光时代，如你愿意，我们将在本书之外另行介绍，此处我们只能将其省略；否则就得把这些内容全部囊括在本书之中了。

亚兰对东方民族开战，战争获胜，尼卡人马迪斯及其死亡

有人喜欢宴饮，但在您的授令下我们现在所从事的这项工作比参加欢宴更加令人愉悦，因此，我们决定按照先后顺序简短地讨论一下海克的后代亚兰参与的战争。他勤劳勇敢又忠心爱国，正如历史学家玛尔·阿巴斯·卡蒂纳所言，他宁愿为祖国战死也不愿看着那些陌生人践踏自己国土、外邦人统治自己亲族。

在尼诺斯统治亚述和尼尼微的前几年，亚兰就遭到了周围列国的压迫，他聚集了自己麾下一大队英勇的弓弩手；这些人都擅长使用长矛，人数约有五万，他们年轻强壮，灵巧英武，精神抖擞，随时准备投入战斗。在亚美尼亚边境，他遇到了不谙世事的米底人，他们由一个名叫马迪斯的尼卡人率领，正如历史学家玛尔·阿巴斯·卡蒂纳所指出的那样，

马迪斯喜好夸口吹牛，一生穷兵黩武。他们像贵霜①人一样，起兵侵入并摧毁了亚美尼亚边境村镇，他占领这一地区长达两年之久。在天未亮时，亚兰发起突然袭击，将马迪斯的军队屠杀殆尽。他抓住了这个尼卡人马迪斯，把他带到阿尔马维尔，下令在城墙的塔尖上用一根铁钉刺穿前额，把他钉在城墙上示众，让经过的路人和所有在场的人都能看到这一幕。他把直到萨拉斯山②一带的土地作为纳贡对象，直到尼诺斯开始统治亚述和尼尼微，这一局面才发生改变。

在尼诺斯成为尼尼微国王后，他从故事传说中了解到他祖先彼勒的事迹，于是脑海里一直记着祖上的世仇宿怨。他多年来一直计划复仇，寻找时机对英雄海克的后裔整个进行灭族，但这样的复仇行动毕竟有很多不确定因素，他害怕自己的王国可能由此陷入危险境地，于是收起了自己的邪恶念头。他毫无畏惧地吩咐亚兰掌管同一个公国，允许他戴珍珠王冠，并称其为"丞相"。但故事讲到这里就足够了，因为眼前的任务已经不许我们在历史的门槛上左右徘徊了。

---

① 贵霜在早期亚美尼亚语文本中经常用来模糊地表示中亚地区；有时还将贵霜人等同于匈奴人。
② 萨拉斯山，在乌尔米亚湖西南。

与亚述人作战并获胜，帕亚皮斯·卡莱伊、凯撒利亚，
第一和其他几个亚美尼亚王国

无论西方典籍如何长篇大论讲述亚兰后来的英勇事迹及其与亚述之间的战争，我们对其描述只能简要提及，只能指出事件的前因后果和重要意义而已。

与东方民族的战争一结束，亚兰带着胜利之师向亚述开拔。他发现巨人族巴沙姆正带着四万全副武装的步兵和五千骑兵在肆意践踏他的国土。整个地区在严苛律法和苛捐杂税的压榨下成了不毛之地。亚兰在战场上与之交战，他将敌人追赶到亚述平原，途经科尔杜克①，一路杀敌无数。巴沙姆遭遇亚兰的长矛兵一战而亡。这个巴沙姆因众多英勇事迹而被叙利亚人神化，很长时间以来一直受到叙利亚人的膜拜。亚兰统治亚述平原的大部分地区时间长达数年之久。

现在我们得谈谈他在西部对抗泰坦族的各种英勇事迹。他带着四万步兵和两千骑兵向西进攻第一亚美尼亚王国，他到达了卡帕多西亚和今凯撒利亚。因为他征服了东部和南部

---

① 科尔杜克，美索不达米亚边界上凡湖以南的一个地区。

地区后将那里委托给当地的两个部族管理，其中东部交托给西萨坎家族，而亚述则交给卡德莫斯家族，他自此不再害怕其中任何一方挑事。因他在西部待了很长一段时间，泰坦族的帕亚皮斯·卡莱伊起兵反对他，后者占领了两大洋之间的本都和附近的海域。亚兰率兵进攻把他打败，将其赶到亚细亚的一个海岛上。他把整个国家交给族人马兹哈克并留下1000名士兵，然后就回到了亚美尼亚。

他下令全民学习亚美尼亚的语言和文字。因此，直到今天，希腊人称那个地区为"前亚美尼亚"，翻译过来就是"第一亚美尼亚"的意思。亚兰指派的总督马兹哈克以自己的名义建造小镇，辅以低矮围墙加固，国内的老一辈人称之为马兹哈克，好像他们不能正确地发音，直到后来有人扩建后就改称为凯撒利亚。同样，从这些地区到国家的边境，他迁移很多居民到无人区居住，这些地区分别被称为第二和第三亚美尼亚，当然还有第四亚美尼亚。这就是西部地区被称为第一省和第二省、第三省和第四省的根本原因。但是无论希腊人怎么说，我们都不会高兴，其他人爱怎么想就怎么想吧。

亚兰势力强大，威震四海，大家都清楚，直到今天，我们周边的民族仍以他的名字称呼我们的国家。他还完成了许多其他的丰功伟绩；但我们这里就不再赘言了。

至于为什么这些事情没有记载在最初的君王典籍或神庙历史上，请不要怀疑或有任何的犹豫：第一，亚兰出现在尼诺斯统治之前，那时还没有人留心记录这些事情；第二，他们认为没有必要或并不急于在国王或神庙的典籍中记载异域偏邦的古老记录和祖先故事，特别是外族的英勇事迹并不值得夸耀，自己脸上也不会感到荣光。正如玛尔·阿巴斯·卡蒂纳所述，虽然没有记录在他们的原始典籍中，一些默默无闻的小人物还是可以从民谣中得到，在皇家档案中也能找到相关的记录。玛尔·阿巴斯·卡蒂纳还提到另外一个原因，这和我听说的完全一致，由于尼诺斯的傲慢和固执，他想表明自己就是帝国一切英勇事迹和美德的源头，他下令烧毁许多古代的书籍和故事记录，这些书籍和故事讲述不同地方不同人物的英勇事迹，他要把自己在世时代记录下来的东西全部销毁，只有跟他自己有关的记录才被保留下来。此处若再重复这一点则显得有点多余了。

亚兰过了几年后生下了亚拉，又过了许多年，亚兰也过世了。

亚拉的事迹及其命丧塞弥拉弥斯乱军之中

在尼诺斯去世前几年，亚拉就获得了祖上土地的管理权，和他父亲亚兰一样，他也获得尼诺斯的偏爱。但是风流好色的塞弥拉弥斯早就听说他长相英俊，一直想去一探究竟；但这事她又不能公开。我坚信，尼诺斯死后，亚拉逃到了克里特岛，塞弥拉弥斯肆意展示她的爱情攻势，派遣使者带着礼物和赏赐去见英俊的亚拉，经过数番恳求并赠礼承诺，亚拉可以选择到尼尼微和她成亲，共同统治尼诺斯留下的整个帝国，也可选择在满足对方的欲望后带着不菲的厚礼安全返回自己的领地。

特使们来回往返好几趟，但亚拉坚决不从。塞弥拉弥斯异常愤怒，在几轮谈判过后，她带着大军赶往亚美尼亚讨伐亚拉。正如结果所示，她并不急于把他杀掉或让他逃亡，她只想满足自己的私欲，使其臣服并能进一步加以掌控。她利令智昏，听到有关亚拉的报告后好像见到本人似的神魂颠倒。她匆忙赶到亚拉所在的平原，这个平原以亚拉名字命名阿拉拉特。阵势列好后，她号令麾下将军尽可能将亚拉活捉。但大战一开始，亚拉的军队就被击溃，亚拉最终死于塞弥拉弥斯的乱军之中。战争胜利后，女王派"掠夺者"分队前往打扫战场，在成片的尸体中寻找她的心上人。结果发现亚拉的尸体躺在倒毙的勇士中，她下令把尸体放置在宫殿的屋顶上。

当亚美尼亚军队恢复斗志，继续与女王塞弥拉弥斯战斗，并发誓要为亚拉报仇时，她说："我已下令众神舔噬他的伤口，他将起死回生。"同时，她希望通过魔法来使亚拉复活，她对心上人的痴迷使她精神错乱。当亚拉的尸体开始腐败发臭时，她又下令将尸体扔进大沟并掩埋起来。她暗地里把一个情夫打扮好，并向大家宣布："诸神舔噬亚拉已使他复活，满足了我们的愿望并赐给了我们欢乐。从现在起，众神更值得我们顶礼膜拜了，他们赐给了我们快乐，满足了我们欲望。"她还以众神之名新立了一尊雕像，并摆放祭品向它致以崇高的敬意，她伪称是众神的力量使亚拉复活了。她在亚美尼亚散布亚拉的这些传言，所有人居然都相信了，最终结束了战争。

就亚拉而言，简要记录这点就够了。他在世几年，生下了卡多斯。

亚拉死后，塞弥拉弥斯建造城市、水渠和宫殿

战争胜利后，塞弥拉弥斯在以亚拉命名的阿拉拉特平原逗留了几天。她来到南部山区，正当夏日时节，她想去欣赏漫山遍野的鲜花。来到这片美丽的土地，闻着清新的空气，看到清澈的溪流和潺潺的流水，她说："有了这样温和的气候，纯净的水源和广袤的土地，我们一定要建造一座城市和

皇宫，这样一年四季我们就可以在亚美尼亚度过美妙的夏天，其他三个较为凉爽的季节，我们就待在尼尼微。"

她从东方一路走来经过许多地方，来到了盐湖①边上。她看到一座高山向西绵延，直到目送夕阳沉没。北面山坡舒缓，但向南看，高山直插云霄，垂直的岩面上有一个洞穴。在山南，有一片开阔平坦的草地，从东面一直延伸到湖边。这是一个宽敞美丽的山谷，甘甜的溪水从山上流经山谷和草地，似骄傲的小河四下流淌，汇集在山脚下的凹谷中。山谷里有不少村庄，坐落在水流两岸，在这座风景宜人的山丘东边还矗立着另一座小山。

刚强好色的塞弥拉弥斯在经过仔细考察之后，下令从亚述和帝国境内挑选四万两千名熟练工人，并从最有才华的工匠中挑选6000名精通技艺的木石工匠，将他们带到这个理想之地。这项工程按照她的命令如期完成后又请了许多能工巧匠来。首先，她下令用坚硬巨石修建河流的渡槽，用砂浆和沙子黏合，这条沟渠又高又长，直到现在都很坚固。我们听说，如今当地人在沟渠的缝隙里筑起了壕沟，可以作为防备土匪劫掠的藏身之所，这就同躲在怪石嶙峋的峰顶上一样安全。如果有人要尝

----

① 即凡湖。

试，不管怎样都无法从渡槽结构中取出一块适合的石头装在投石器上。如果有人检查石缝之间的胶和技术，那就像用熔蜡制成的一样。就这样，她把水渠一直延伸，修到远方的城市。

在那里，她下令将工匠分成多组，每组都选出手艺大师。就这样，凭借付出的巨大精力，几年内她就建成了这座有着坚固城墙和高大铜门的神奇城市。她还在城里建造了许多精美的两三层宫殿，配以各色石头进行装饰，每座宫殿都向阳而建。她用美丽宽阔的林荫道将城市划分为不同的区域。在城市中心，她以令人钦佩的艺术建造了一些豪华浴场以满足人们的需要。她把流经城市的部分河水改道，以满足人们日常生活用水的需要，包括公园和花圃的灌溉用水。其余的河水沿着湖岸向左右两面流淌，可以给城市和周围地区供水。她在城南城北和城东的各个地方都修建了庄园，种下了枝繁叶茂的树木，树上结满了各种果子和叶子。她还种植了硕果累累的葡萄。她把这座城市渲染得富丽堂皇，城中住着无数的居民。

至于这座城市的最高处和上面各种奇妙的建筑，许多人都无法理解，也无法用言语描述。她在山顶周围筑了一圈围墙，墙里面建造了一座皇宫和一些令人生畏的地牢，这些地牢从外面很难进入，当然也不可能从里面逃脱。关于地点选择和建筑过程，我们还没有听说有谁精细描述过，因此就不打算把它列入正史记载了。但正如传闻所云，所有王室工程中，这是最重要和最雄伟的城建项目。

在向阳的岩石上，直到今天也没有人能用铁尖在上面划出一条道道，这足以说明表面的硬度之高。她在各种神庙、内室、宝库和宽阔的洞府上雕刻图案；没有人知道这些奇妙的建筑是如何建成的。在整块岩石的表面上，她像蜡一样用刻刀磨平，留下了许多文字，仅仅看到这些文字就会让人惊叹不已。不仅如此，她还在亚美尼亚多地立起石碑，让人用同样的文字①为自己立传。她又在多地用同样的文字书写界碑划定疆界。

塞弥拉弥斯在亚美尼亚的事迹已经分享得足够多了。

塞弥拉弥斯杀子，摆脱索罗亚斯特大法师逃亡至亚美尼亚，终被其子尼努阿斯处死

塞弥拉弥斯在亚美尼亚建造了避暑胜地，每年夏天都到北方去消夏，离开时让米底人的首席大法师索罗亚斯德担任亚述总督和尼尼微城总领。塞弥拉弥斯费了好长时间才安排好这事，把整个帝国的管理权都交给了此人。

---

① 指楔形文字。

由于生性好色淫荡，塞弥拉弥斯经常受到自己儿子的谴责，以致她把这些儿子都杀了：只有幼子尼努阿斯活了下来。她把所有的权力和财富都分给了朋友和情人，从不顾及自己儿子。她丈夫尼诺斯并没有像人们所说的那样死后被她葬在尼尼微的宫殿里，事实的真相是他在得知塞弥拉弥斯过上了恶毒邪淫的生活后，放弃了自己的王国，逃到了克里特岛。她的儿子长大成人后，他们提醒自己母亲注意这一切，都以为她会斩断这种邪恶的激情，并把权力和财富交还给自己的儿子。但她听了以后更加生气，竟把这些儿子全部都杀了；正如上面所说，只有尼努阿斯幸免于难。

当索罗亚斯德开始对王后犯上，君臣之间出现了不和，这个米底人将要成为全天下的僭主，此时塞弥拉弥斯就策动战争来讨伐他。在战争最激烈的时候，塞弥拉弥斯摆脱索罗亚斯德逃到了亚美尼亚。在那里，尼努阿斯找到了复仇的良机，杀死了自己的母亲，他自己开始统治亚述和尼尼微。至此，我们已经解释了塞弥拉弥斯死因和当时的情形。

塞弥拉弥斯最早对印度开战，后来死于亚美尼亚

为了不让别人找到嘲笑的机会，我想到了塞菲利翁。除

了其他许多历史事件之外，他首先会讲述塞弥拉弥斯的出世，然后讲塞弥拉弥斯与索罗亚斯德之间爆发的战争。他会说塞弥拉弥斯赢得了这场战争，随后谈到她对印度发动的另一场战争。但是，玛尔·阿巴斯·卡蒂纳对迦勒底史书的考察似乎更可靠，因为他按部就班地进行写作并揭示了战争爆发的原因。此外，我们自己国内的故事传说也证实了这位博学的叙利亚人（玛尔·阿巴斯·卡蒂纳）所说的都是事实：塞弥拉弥斯死于亚美尼亚。她徒步逃跑，口渴难耐时找到水源后一顿狂饮；而且，当敌人武士靠近后，她将护身符抛到海中，于是后来就有了这样一句谚语："塞弥拉弥斯的珍珠被丢入大海。"但如果你喜欢神话传说："塞弥拉弥斯在尼俄伯面前变成了一块石头。"但故事讲到这里就已经足够了，现在我们要讲一讲之后发生的事情。

塞弥拉弥斯死后发生的事情

把历史事件发生的来龙去脉理顺好，我将在本书中阐述亚美尼亚历史上最伟大的人物和祖先，无论其故事结果怎样，其间行为如何，我都不会加入任何虚构或不合时宜的内容，只是重复典籍中所摘取的内容，从经验丰富的智者那里精心地收集古代知识。我们勤奋和忠诚的态度可以保证这部历史的真实可信。上帝可鉴，我们就是按照这些原则来收集史料的，但世人是赞美还是批评对我们来说都无关紧要。然而，前后记录的一致和后代数量的对应表明我们的劳动更注重真实。既然这些历史事件这样安排，内容准确无误，甚至近乎真相，我将从随后发生的"基督之网"这一历史事件开始进行讲述。

现在，塞弥拉弥斯被自己儿子扎米希亚即尼努阿斯谋杀后，我们可以确切地知道这些事件的发生顺序如下：杀死放荡的母亲之后，尼努阿斯登上王位，当上太平盛世之君；在他统治时代，亚伯兰时代结束了。

亚美尼亚民族的族谱与希伯来人和迦勒底人的完全一致，一直到被称为塔诺斯·康克勒罗斯的萨尔达纳帕洛斯出现。

希伯来人族谱

以撒

雅各

利未

卡哈特

亚姆兰

摩西

约书亚

从约书亚起，不是按宗族，乃是按人的地位尊贵排列，因为他们都是亚伯兰的后裔。约书亚大肆屠杀迦南人，他们就逃到亚革拉，坐船去往塔希思。这一点在保存至今的非洲石碑铭文中可以清楚地看到。碑文的内容是："我们是迦南的王公贵族，因强盗约书亚追杀才居住于此。"其中之一就是我们亚美尼亚最尊贵的卡纳尼达。我们发现了一个确凿事实，格图尼家族的后代无疑都是他的子孙。这一家族人的性格表明他们都是迦南人。

高特尼尔

雅万德

巴拉克

基甸

阿比梅利克

托拉

亚伊尔

埃普特阿依

埃塞邦

埃隆

拉布登

参孙

赫利

萨缪尔

扫罗大卫和他的后继者

迦勒底人族谱

埃利奥斯

阿拉利奥斯（即艾米维奥）

薛西斯（即巴利俄斯）

阿玛米提赫奥斯

贝罗克斯

阿塔多斯

玛米托斯

马斯克罗斯

斯佩罗斯

马米洛斯

斯帕雷托斯

阿斯卡塔德

阿明特斯

贝洛克奥斯

巴洛特雷斯

兰帕利特

苏萨蒂斯

兰帕里斯

潘尼亚斯

索斯特摩斯

米特雷奥斯

图塔莫斯

托提奥斯

提纽斯

德基罗斯

尤帕默斯

劳沃斯特尼斯

佩里特阿德欧普拉提奥斯

普拉蒂尼斯

阿克拉扎尼斯

萨尔达纳帕洛斯

亚美尼亚人族谱

亚拉

亚拉的儿子

塞弥拉弥斯把我们亚拉的儿子也称为亚拉。她把治理我们国家的任务委托给他。他的后人有：

阿努沙万

帕勒特

阿尔巴克

扎万

帕纳克

苏尔

那时，嫩的儿子约书亚还健在

哈瓦那克

瓦史塔克

海卡克

关于此人，他们说生活在贝洛克奥斯的时代，他引起了愚蠢的骚乱并因此而丧生。

阿帕克

艾纳克

萨瓦尔什

诺雷尔

瓦什塔姆卡

戈拉克

赫兰特

恩扎克

格扎克

豪罗伊

扎尔迈尔

他被托塔莫斯派去帮助普里阿摩对付埃塞俄比亚军队，但被英勇的希腊人杀死。

博奇

阿尔本

巴祖克

豪伊

尤萨克

海帕克

斯卡约尔迪

亚拉、亚拉的儿子和孙子阿努沙万·扫萨努尔

塞弥拉弥斯生前把亚拉和其爱妻努阿德所生的儿子也叫亚拉，毕竟她曾深深爱过英俊的亚拉；亚拉死时这个孩子才12岁。出于诚挚的信任，塞弥拉弥斯把国家交给他来治理。据说，他在与塞弥拉弥斯的战争中战死沙场。

但是玛尔·玛巴斯·卡蒂纳此后继续按照顺序讲述：亚拉的儿子亚拉在与塞弥拉弥斯的战争中阵亡，留下一个身强力壮的男孩阿努沙万·扫萨努尔，他的不朽功绩都有不错的口碑记录。他曾经信奉一座神像，这座神像就在阿拉马尼亚克在阿尔马维尔[1]栽种的悬铃木旁。也正因为如此，亚美尼亚人根据树叶在阵风的吹拂下发出的沙沙声以及移动的方向来占卜，这一习俗已经由来已久了。

阿努沙万长期以来一直忍受着扎米希亚的蔑视，他在王室中深受折磨。但在朋友的帮助下，他控制了部分国土并强征贡赋，后来又控制了整个国家。但在本书这段历史中再重复上面提到那些人物的政绩言行，那就显得太不合时宜了。

---

① 见第一章"海克家族的后代其人其事"。

斯卡约尔迪之子帕洛伊尔是亚美尼亚统治的第一人，他助力米底人瓦尔巴克夺取萨尔达纳帕洛斯王位

我们在叙述中省略了一些无关紧要的信息，只谈论有重要意义的内容。最后生活在亚述王国时代的一批人是塞弥拉弥斯和尼诺斯的后裔，萨尔达纳帕洛斯时期的帕洛伊尔就是其一。他助力米底人瓦尔巴克从萨尔达纳帕洛斯手中夺取了王位。

现在，每当我们祖先的后人获得了王权统治，我都会欢欣鼓舞。于是，我们又被赋予了讲述他们诸多冒险经历的伟大使命。作为基础性的工作，我们应该诵读雄辩之士的四部狂想曲，毕竟他们都是智者中的智者。

瓦尔巴克是土生土长的米底人，来自人迹罕至的偏僻省份，他行事非常精明，作战勇冠三军。他深知康克勒罗斯娇弱懒惰的生活方式，而他慷慨开明的性格又结交了很多有为之士，正是这些人确保了当时亚述帝国的繁荣稳定。他把英勇的王子帕洛伊尔争取到自己这边，承诺给他顶级荣耀和皇室头衔；他身边还聚集了许多精通剑矛弓弩的勇士。于是，他从萨尔达纳帕洛斯手中夺取了王位，开

始统治亚述和尼尼微。他让别人做亚述的总督，自己将王国的首都迁往米底。

如果有人换作另外一种方式来叙述这件事，请不要惊讶。正如在前面我们还在指责先祖有不尊学术的习惯，这里的情况依旧没有改变。尼布甲尼撒父亲的事迹都能被史官们记录在年鉴上，而我们自己人却没有这一惯例。直到最近，他们的事迹才被记载下来。如果你要问："我们是从哪里知道先祖的名字以及众多英雄事迹的？"我的回答："是从迦勒底人、亚述人和波斯人的古代档案中，他们的名字和事迹都被记录在王室法令上，他们是我们这块土地上得到任命的总领、总管以及总督。"

亚美尼亚历史上国王父子相传的顺序以及具体数目

现在需要提一下帕提亚统治时亚美尼亚历史上出现过多少伟大人物，特别是国王的人数。这些人都是国王的后裔，是我们的血亲和真正的同胞兄弟。如果救世主在那个时候来救赎，让我出生在那个时代并奉他们统治为荣，进而远离当下危险，那么对我来说这是多么的弥足珍贵！但这种情形和这种幸运早已与我无缘了。如今在异族人的统治下苟活，我却要把自己国王与他们国王并列。在我们这片土地上统治的国君就是下面提到的那些青史留名的人。

先知耶利米号召攻打巴比伦的演讲已经证明了我们的王国在当时确实存在。他说："我统领阿拉拉特王国和阿斯卡纳兹的军队。"（《耶利米书》51:2）这就证实了我们王国在历史上确实存在。但我们要列出所有国王的顺序，就得将米底诸王放在一起。

早期的米底王

瓦尔巴克

毛达基斯

扫萨尔摩斯

阿提卡斯

德奥基斯

帕沃提斯

科瓦薛雷斯

阿兹达哈克

亚美尼亚第一位国王是米底人瓦尔巴克加冕的。

帕洛伊尔，斯卡约尔迪的儿子

赫拉奇伊

因他满面红光，目光如炬，所以称他为"赫拉奇伊"。据说，在他统治时期，巴比伦国王尼布甲尼撒还活着，正是这个巴比伦国王俘虏了那个犹太人。他点名向尼布甲尼撒索回被俘的希伯来首领沙姆巴特，把他带到我国定居并赐给他极高的尊荣。史学家说巴格拉提德人就是从他那里传下来的，这是肯定无疑的[①]。但是，我们国王迫使他们接受偶像崇拜做出了很大努力，他们中有多少人，其中又有谁因崇拜元首而丧生，我们会在后面作系统的叙述[②]。据不可靠消息称，担任加冕官的巴格拉提德家族是海克的后裔，这完全是根据幻想而不是事实作出的论断。我对此的态度是："不要相信这类蠢话，这些故事中没有任何迹象表明这是历史真相。毕竟那只不过是和海克有点关系的脑残空话。但要知道，巴格拉提德人经常给孩子起名斯姆巴特，实际上这个名字在他们原始语言希伯来语中就是沙姆巴特"。

---

① 巴格拉提德人是沙姆巴特·巴格拉特的后裔。

② 参见第二章"提格兰的中期统治，抗击希腊军队，建造神庙以及入侵巴勒斯坦""阿沙姆继位，部分亚美尼亚首次向罗马纳贡称臣，海坎努斯获释以及巴格拉提德家族因其陷入困境"。

帕尔纳瓦兹

帕乔伊奇

科尔纳克

帕罗斯

另一个海卡克

短命的埃鲁安德

提格兰

我敢说，后来的埃鲁安德和提格兰都是按照我们的预期来命名的，因为年代并不久远，有人想起这两个名字。

塞内克里姆的儿子及其后裔阿茨鲁尼家族、格努尼家族和阿尔兹尼克大祭司：源于帕斯卡姆的安格尔家族

提格兰大帝是亚美尼亚本土的第九代加冕国王，他身体强壮、名声显赫，打败了很多其他王者。在讲述提格兰大帝之前，我们先来回顾一下所作工作，确保历史著作中最重要的连贯性得以坚持。关于塞内克里姆的故事已经被历史遗忘。大约在尼布甲尼撒开启统治的 80 年前，亚述国王是塞内克里姆，他在犹太领袖希西家时代包围了耶路撒冷。他

的两个儿子亚得米勒和萨纳萨尔弑父后逃到我们这里来了（《以赛亚书》37:38）。

其中一子便是萨纳萨尔，我们的英雄祖先斯卡约尔迪让他定居在当时亚美尼亚靠近亚述边界的西南领地。他的后代繁衍生息，遍布整个西姆山一带。他们中的一些豪杰对我们国王示好，并有幸得到了这些地区的管辖权。现在，史学家（玛尔·阿巴斯·卡蒂纳）说，阿尔达莫赞居住在这一地区的东南部，阿茨鲁尼家族和格努尼家族就是其后裔。这就是我们要记住塞内克里姆的原因。

但这位史学家还说，安格尔家族是海卡克的孙子帕斯卡姆的后代。

提格兰其人其事

现在我们继续讨论提格兰和他的英雄事迹。在亚美尼亚历史上的所有国王中，他最有权势，最聪明，最勇敢。他帮助居鲁士推翻了米底人的统治，很长一段时间内迫使希腊俯首称臣。他开疆扩土达到了亚美尼亚古代疆域的极限。他成了那个时代所有人羡慕的对象，他和他的时代都为世人所景仰。

这是真正的英雄好汉和勇敢谨慎的伟大人物，无人不被他的事迹所感动，无人不渴望成为他那样的人。他居功至伟，傲视群雄，他的英雄事迹使亚美尼亚拥有了无上的荣耀。他把曾经的奴隶变成臣民，要求他们为其提供贡品。他增加了金银珠宝和各种锦帛丝绵的储备，不分男女老幼人人有份，有了华美服饰，丑人也变得和俊人一样自信，俊人在当时完全被奉为仙人。步兵骑马成为骑兵，投石手都成了熟练的弓箭手，手持的棍棒也都换成全副武装的剑矛，赤手空拳得到盾牌和铁甲完好地保护。只要看到军队聚在一处，盔甲和武器发出的闪闪亮光就足以吓退敌人。他是和平与繁荣的缔造者，他用奶油和蜂蜜滋润每一个臣民（《以西结书》16:19 ；《以赛亚书》7:15 ）。

还有许多类似的事件，都是埃鲁安德的儿子提格兰带给我国的福祉。他满头金发略微斑白，面色红润，眼神温柔，他风度翩翩，肩宽背阔，他两腿健壮，双脚高贵，他饮食有节，宴会有序，正如我们古代那些和着里拉琴的歌者常说的那样，"他节制肉体的纵情享乐"。他智慧过人，口才出众，一切大事小情都表现得出类拔萃。在本书中，重复对他的赞美之词和反复讲述他的英雄故事是我最大兴趣所在！他不偏不倚地权衡每一个案件，每一次判决都做到公正、平等。他从不嫉妒权贵，也不鄙视卑微，他对所有人都能做到一视同仁。

起初，他与米底人阿兹达哈克结盟，阿兹达哈克对他妹妹提格拉努希展开死命追求后，他就把妹妹嫁给了过去。阿兹达哈克说："通过这样的联姻，我既可以和提格兰建立牢固的友谊，又能轻易地将他诱杀。"提格兰一直是他的心头大患，因为曾经有个惊人的预言揭示了阿兹达哈克未来的命运。

居鲁士和提格兰联盟给阿兹达哈克带来了恐惧和疑惑

造成这种反应的原因是居鲁士和提格兰建立了友好同盟。阿兹达哈克一想到这就睡意全无，他不断问他的大臣："我们怎么才能瓦解波斯和亚美尼亚的同盟呢？"这些想法一直困扰着他，他通过梦境预示看到了未来的景象，玛尔·阿巴斯·卡蒂纳描述到：

"在那时，对于米底人阿兹达哈克来说，居鲁士和提格兰联盟是个不小的威胁。"正因如此，他思绪万千，晚上睡觉时出现了一个闻所未闻、见所未见的异象，就像清醒时一模一样。惊醒后，还有数个时辰才亮天，他没有按照惯例等待早朝廷议，就连夜召集顾问大臣。他愁眉苦脸地眼望着地面，深深叹了口气。当大臣们问他事情缘由时，他迟疑了很长时间才回应。随着一声叹息，他开始吐露藏在心底的郁闷和疑虑，把梦中所见到的恐怖景象的一切具体细节和盘托出。

"众位爱卿，"他说，"昨晚我睡梦中碰巧来到一个陌生地方，附近一座高山拔地而起，峰顶包裹着厚厚的冰川。有人说这里是亚美尼亚人的地盘。正当我久久凝视这座高山时，一紫衣女子裹着天蓝色面纱出现，她就坐在那高山顶上。她的眸子很迷人，身材高挑，面颊红润，此时正遭受分娩的痛苦。我惊讶地看了很久，这女人突然生下三位大英雄，身材和形体都已完全成形了。第一个骑着狮子向西飞去；第二个骑着豹子望向北方；但第三个骑着巨龙向我们帝国发起了进攻。"

"在这些错综混乱的景象中，我似乎站在王宫的屋顶上，看到楼阁的四周装饰着美丽多彩的遮阳篷；给我加冕的众神在缭绕的云端现身，我和众卿一起用祭品和香烛来敬献致礼。我忽然抬头，只见骑龙那人展开鹰翼扑了下来；他很靠近了，意欲毁灭众神。是我，阿兹达哈克，挺身而出迎面反击，与这个了不起的大英雄扭打起来。首先，我们俩都用长枪刺向对方，顷刻间血流成河：宫殿的外表像太阳一样耀眼，我们周围战成了一片血海。后来又用其他兵器战了好几个时辰。"

"但是继续这个故事对我有什么好处呢？故事的结局就是毁灭。这种危险的念头使我大汗淋漓，睡意全无；从那以后，我自己就如行尸走肉一样。这些异象的发生表明，除了亚美尼亚的提格兰即将向我们发起猛攻之外，别无其他。在众神的帮助下，能够给我们提供有益的言行建议，谁不想成为一国之君呢？"

顾问大臣提出了许多有用的建议，对此他心怀敬意和感激。

他说："众卿，经过深思熟虑，你们给出了许多明智合理的建议。在众神的护佑下，我现在就告诉你们哪一条最有用。要对敌人采取预防措施，就要洞悉敌人的底牌，面上君子背里小人实为上策。我们现在就得依计行事，通过金钱或欺骗来达到我们的目的。要实现计划就得用'美人计'，他的妹妹提格拉努希就是最佳人选。因为她与外人甚至国外都有着广泛的联系，我们可以通过她的自由出行，不费吹灰之力就可以神不知鬼不觉地把他（提格兰）除掉：既可以选择意外的场合，许以厚礼和荣誉，令其朋友用刀剑或毒药完成刺杀；又可以花重金收买他亲密的左膀右臂，从而像捉小鸡一样将他生擒。"

他的心腹都认为这计可行，并且准备付诸实施。他给一位使者一大笔钱，派他去下书，信里内容如下：

尊兄知道，在此世界上，唯众神赐予的众友在人生中最为受用，尤其是那些拥有真正智慧和大权在握的朋友。正因如此，我们才不会被外界烦恼所打扰，即使自寻的烦恼很快也会被驱逐；在我们心中邪恶从不现身，即使出现也会被瞬间清除。友谊会带来这么多好处，这就更加坚定我巩固加深你我之间联盟的意愿，以便我们在各方面都能和睦相处，并保证帝国的长治久安。请把尊妹，大亚美尼亚提格兰努希公主下嫁给我，如果你真的认为成为王后至尊对她有利，那么就请你做一代明君和仁爱兄长吧。

我就不再赘述这个故事了：信使已经抵达并顺利实施了这个"美人计"，提格兰同意把妹妹提格兰努希嫁给阿兹达哈克。他当时并不知道阿兹达哈克的阴谋，于是按照王室的礼仪把妹妹嫁了过去。阿兹达哈克迎娶了她，一方面是他心中的计谋在作祟，另一方面公主的美貌真的足以让她母仪天下，尽管其背后织就了一张邪恶的大网。

阴谋败露引发战争，阿兹达哈克战死

据说，阿兹达哈克立提格兰努希为后，接下来他所做的一切都顺应王后的意愿。在王后的建议下，他规范了一切大小事务，下令所有人都要听从王后的命令。安排好一切后，他开始甜言蜜语哄骗她："你的兄长提格兰在后宫扎鲁伊的煽动下，嫉妒你在雅利安人心目中的权威，你难道不知道吗？这以后会怎么样呢？我死后，扎鲁伊将统治雅利安人，执掌后宫。所以你必须做出选择：要么与你兄长保持友好关系，成为雅利安人眼中的红颜祸水，要么实现自己最大的利益，提出合理化的建议，时刻留意目前的形势。"

如提格拉努希不按照米底-波斯人的意愿行事就得丧命，阿兹达哈克故意隐瞒了这一阴谋。但这位谨小慎微而又美丽动人的女人识破了这一伎俩。她一面用柔情蜜语回应阿兹达哈克，一面通过朋友很快把这个阴谋告诉了她哥哥提格兰。

从那以后，阿兹达哈克开始通过馆驿向提格兰建议，他们应在两国边界会面商讨国事，好像两国间出现了重要事务不便通过写信或交换信使的方式来处理，只有两人面对面才能更好地解决。提格兰知道其中有诈，但没有刻意回避阿兹达哈克策划的阴谋，在信中揭露了对方的险恶用心。一旦这种卑鄙的计划曝光，就没有任何借口或欺瞒可以掩盖这种邪恶，战争一触即发。

亚美尼亚国王从卡帕多西亚的边界、格鲁吉亚和阿尔巴尼亚以及大亚美尼亚和小亚美尼亚调集了全部精锐。他率全军向米底边境挺进。这种危险迫使阿兹达哈克以同等兵力迎战亚美尼亚人。战争持续了整整五个月，当提格兰想起他心爱的妹妹时，迅速而果断地停止了军事行动。他想方设法让提格拉努希寻机逃跑。当万事俱备后，双方战斗又开始了。

我要赞美高贵的斗士提格兰，这位四肢匀称、身材完美的长矛手。他精力充沛，万事皆通，力大无穷。但我为什么还要继续讲述呢？开战后，他的长矛像划开水面一样劈开了阿兹达哈克的铁甲；矛尖直接刺穿了他的身体，当他撤回长矛时，矛头从对方体内带出了一半肺脏。这场战斗异常激烈，英雄对英雄，好汉对好汉，他们都没有刻意回避对方。这场战斗持续了很长时间，直到阿兹达哈克最终战死才结束。这场胜利加上好运相伴又为提格兰的辉煌业绩和荣耀增加了浓墨重彩的一笔。

提格拉努希奉命出使提格兰纳克特，阿兹达哈克发妻阿诺伊什以及战俘的安置

据说，提格兰取得一系列胜利之后，他派妹妹提格拉努希带着壮观的皇家仪仗出访亚美尼亚，前往以自己名字命名

的城市——提格兰纳克特①。他把这片地区赐给妹妹作为封地。据说，那些奥斯坦②地区的贵族都是她的皇族后裔。

阿兹达哈克的发妻阿诺伊什和其他许多王妃，加上很多年轻男子和大量囚犯，总人数超过一万。提格兰让他们定居在大山东侧一直到戈尔登③的边疆地区，这里包括塔姆巴特、奥斯库拉伊、达兹戈因克以及河边的其他大片土地，如弗拉居尼克和纳克沙万城堡④对面的整个平原地区，还有河对岸赫拉姆、朱莱⑤和霍沙库尼克这三个小镇，首府阿兹达纳坎就在纳恰万城堡。但他让前面提到的皇后阿诺伊什和她儿子定居在山顶的险崖上（这些险崖是在一次可怕的地震中形成的），托勒密曾多次令人勘测这片人类的栖息地，同时也勘测了部分海洋和无人居住的热带地区西米利亚。提格兰又从居住在山下的米底人中选取部分仆人赐给阿诺伊什。

戈尔登的葡萄酒产区居民演唱的节奏明快的歌曲就证实了这一点，据我所知，这些歌曲很好地保存了下来，其中就

---

① 提格兰纳克特，提格兰二世所建，其旧址在如今的西尔万城下。

② 奥斯坦字面上的意思是"王室土地"或"皇城"。

③ 戈尔登，下一段称其为"葡萄酒产地"，为休尼克南部一地区，因叙事歌手而闻名。

④ 纳克沙万，在瓦斯普拉坎和休尼克之间的阿拉克斯河上。

⑤ 朱莱，即阿拉克斯河上的朱尔法。

包括歌颂阿尔塔什斯和他儿子的歌谣，这些歌谣还以寓言故事的形式回忆起阿兹达哈克的后代，他们称之为"巨龙的后代"，阿兹达哈克在亚美尼亚语中就是"巨龙"的意思。他们唱道：

> 阿加万为阿尔塔什斯举行了盛大的宴会，而龙王庙中却有人阴谋在害他。

他们还唱道：

> 勇敢的阿尔塔什斯之子阿尔塔瓦斯德在建阿尔塔什斯城时，并没有找到合适的地方修筑宫殿；于是他渡河在米底建造了玛拉科特①，那城就建在沙鲁尔②平原上。

他们说，"但女王萨特尼克非常想吃阿加万餐桌上的蔬菜和嫩芽。"

---

① 玛拉科特意为"米底人建"，是神话中的一座虚构的城市。米底人生活在亚美尼亚东部边界。
② 沙鲁尔平原在阿拉克斯河上。

你现在对亚美尼亚历史的真相感到惊讶吧？对于生活在圣山马西斯山上那些巨龙的揭秘更加感到惊讶吧？

提格兰的后裔及其后世家族

作为历史学家，忠实地对各种英雄事迹进行最真实的描述是一项重要任务和使命，对于埃鲁安德之子提格兰如此，对你们读者也同样如此。因此，一提起他们的英雄事迹，我就喜欢按海克、亚兰和提格兰这个顺序来讲述。毕竟英雄的后代还是英雄；至于那些二流人物，就让人们以恰当的方式来称呼他们吧。根据英雄人物的威名壮举，我们所讲述的都是真实的历史事件。还是有人希望阿拉马兹德真正存在，否则历史上根本就不会有什么阿拉马兹德了；在四五个同名的人中，有一个秃顶的阿拉马兹德。有很多人都叫提格兰，但只有一个是海克的后裔，正是此人杀死了阿兹达哈克，掳走了国母阿诺伊什和其他皇亲国戚，并在居鲁士的帮助和鼓励下夺取了米底－波斯帝国。

提格兰的儿子是帕普、提兰、瓦哈根，亚美尼亚的寓言是这样讲述他们的：

天地都要临产，紫色的大海也处于阵痛之中，海中的红苇也要临产了。从苇管里喷出火焰和烟雾，一个红发小伙儿从火焰中跑了出来，头发和胡子都是燃烧的火苗，双眼光亮夺人如同两个太阳。

　　我们亲耳听见有人在里拉琴的伴奏下吟唱这首歌谣。他们在歌中唱道，提格兰与恶龙搏斗并最终将它们制服。人们对提格兰英雄事迹的歌颂堪比赫拉克勒斯。但是人们又说他被完全神化了，格鲁吉亚为他立起了雕像，摆放贡品来献祭。瓦乌尼人是他的后裔。他的幼子亚拉万是亚拉瓦尼安科的祖先。他生下亚拉万，亚拉万生下纳尔斯，纳尔斯生下撒勒。在后世的子孙中崛起了撒勒哈瓦尼克家族。现在撒勒的长子亚摩又生了巴甘姆，巴甘姆生了瓦罕，瓦罕又生了瓦赫。瓦赫发动起义被马其顿的亚历山大所杀。

　　从这一刻起到瓦拉尔沙克在亚美尼亚建立统治，我不能提供非常准确的信息，不同宗派造成混乱的局势，各方势力相互争夺以图控制亚美尼亚。于是，阿尔沙克大帝轻而易举进入了亚美尼亚，并立他的兄弟瓦拉尔沙克为亚美尼亚国王。

图塔莫斯时期的伊利安战争；扎尔迈尔带小股埃塞俄比亚军队参战后阵亡

你们对知识的渴望向我们提出了两大要求：简洁和速度。正是这两大要求使我们付出了极大的辛劳。我们的叙述应该体现和柏拉图同样的特点：清晰优雅，远离虚假。我们应从最早的人类讲述到当前发生在自己身边的大事。但要把所有一切都讲述是不可能的。虽然上帝在眨眼间就可以创造万物，但他并没有这样做，而是在造物时明确了具体日期和顺序排列。有第一天创造的，有第二天创造的，以此类推。因此，圣灵实施教导时给我们指出了类似的等级。但我们看到当愿望超越了神圣的界限，一切记录就必须真实准确，时间必须相互吻合。我们长篇大论详述历史事件来满足读者的愿望，但迅速的简述又令人心中不悦。因为你要求过于急促，我们没有给出马其顿和伊利安战争的任何描述；但是我们在此处补加进来。最后加上这些值得称道的历史故事，我们也不知道这样做是否明智，是否恰当。

如果荷马没有讲述过那些故事，那么关于那段历史的首个故事会是什么样的呢？这个故事讲述了亚述人图塔莫斯时期的伊利安战争，我们的祖先扎尔迈尔在亚述人的统治下带领一小股埃塞俄比亚军队帮助普里阿摩，在战争中他被英勇的希腊人打伤并为阿基里斯所杀，他一定是被阿基里斯杀死的，其他别的英雄人物不可能做到这一点。

本书第一章大亚美尼亚族谱到此终结。

波斯人的故事传说：比乌拉斯普·阿兹达哈克

关于比乌拉斯普·阿兹达哈克荒谬下流的故事传说你还有什么兴趣吗？为什么还要为了那些荒谬的、断续的波斯故事来劳烦我们呢？这些故事传说都因低能弱智而臭名昭著。他最初的仁慈；邪魔附体上身；他无力使诈和作假；亲吻后背以及后来巨龙降生；恶念陡增，食人果腹；赫鲁登用铜链把他捆绑，牵着来到德巴峰山；在路上，赫鲁登睡着了，比乌拉斯普把他拖到山上；赫鲁登醒来，把他领到一个山洞里，把他绑好，自己则坐在对面；比乌拉斯普被他吓呆，一直被锁链束缚着，再也不能出去为非作歹。

你何必还要知道这些虚假的故事呢？这些毫无意义的拙著还有什么意义呢？它们肯定比不上那些高贵精致、意义丰富的希腊传说，希腊神话本身具有隐喻，是含有历史深意的。但你却让我们解释希腊传说有违理性的原因，并美化润色那些未经修饰的内容。我想问："你们这么做用意何在？做令人讨厌的事只会增加我们的辛苦，你们的快乐又在哪里呢？"既然这是你们年轻人的愿望和并不成熟的理解，我们也会向你们提供这些素材。因此，我们将满足你们的心愿。

我现在可以轻松引用柏拉图的原话："还有谁比朋友更了解自己的吗？再没有这样的人了。"为了你们，我们要将那些不可能的事情变得可能，此外，我们还要完成一件事。我们谈论的故事传说，特别是那些提起来心中感到不适的内容，今天我要亲自阐述出来，它们虽然有违理性，但我要赋予其特定的含义。请看吧，我将揭示波斯最古老的历史事件，这些事件连他们自己都理解不了，但你却可以从中获得一些乐趣或为你所用。要知道，这样的事情我们是很反感的，因为在第一章中我们并没有提及，最后将之放在本书末尾来讲述也不合适，我们只想开辟一个单独的位置来特殊讲述。在此我将这样开讲：

比乌拉斯普·阿兹哈达克是波斯人的祖先，生活在宁录（尼伯录）时期。当世界各地的语言开始逐渐分支，这既没有引起社会的混乱，也不缺乏英明的领袖；由于神的旨意，不同的酋长和族长以有序权威继承各自的领土。我是在一本迦勒底典籍中知道比乌拉斯普这个名字，他被称作人马怪皮乌里德。他臣服于宁录，他成为族长绝不是凭靠自己的英勇，全仗着诉诸武力和欺诈。他希望向人们展示一种天下大同的生活，他认为人们不应该拥有私人物品，所有的东西都要与人共享。他的一切言行都开诚布公；他没有任何私心，内心所有的秘密都和盘托出。他允许朋友们在晚上自由出入，就像行走在白天一样。这就是他所谓的第一次"有害的"善良之举。

他精通占星术，渴望传授纯粹的邪念，但这对他来说很难办到。正如前文所言，为了欺骗众人，他没有秘密行事的习惯，但公开教授这种终极的、纯粹的罪恶是不可能的。因此，他采用了"苦肉计"，假装肚子痛，没有别的办法可以治愈，只能用一般人不能轻易听到的可怕咒语。还有一个专干恶事心腹精灵在家里和公共场合训导他，平静地把头靠在比乌拉斯普的肩头上，在耳边指导他使用这种恶毒的魔法。在波斯的故事传说中，这个"撒旦之子"是个仆人，也是其意志的执行者。因此，一旦他想要一份礼物时，就会亲吻他的肩头，来一番耳语。

至于巨龙诞生的故事，更确切地说，就是比乌拉斯普变成巨龙的传说。故事是这样的：他向恶魔献祭无数的人牲，人们最后对他十分厌恶，于是大家团结起来把他赶跑了，他逃到了上文提到的山中。在人们的步步紧逼下，他的随从也都弃他而去。受此鼓舞，后面的追击者在当地休整了几天，准备继续追击。但比乌拉斯普集中残兵败将，发起突袭重创这些追击者。然而，最终还是大众获得了胜利，比乌拉斯普逃走了。人们在大山附近抓住他，将他处决后把尸体扔进了硫黄坑里。

第二章　亚美尼亚中期历史

　　第二章将描述亚美尼亚历史上各个时期发生的重大事件，从亚历山大统治开始，一直到神勇的提里达特大帝统治结束。我将按时间顺序列出发生在这片土地上的英雄壮举，包括波斯王阿尔沙克、受封亚美尼亚国王的瓦拉尔沙克以及后裔子孙的文治武功和施政法令。自那以后，亚美尼亚君王出自同一世系，都是代代相传，子承父位，阿尔沙克的后人因此被称为安息人。他的后裔建国续统，繁衍众多子孙，依序继承王位。我只能简要地写下与我们有关的历史事件，其余的只能省略，因为众多作家笔下对其他国家的叙述已经浩如烟海了。

　　征服了整个世界之后，腓力和奥林匹娅斯的儿子，阿基里斯的第 24 代孙，马其顿的亚历山大把他的帝国分给许多后人，并规定国号将永远为马其顿帝国。他死后，塞琉古夺取了其他城邦，统治了巴比伦。他发动了一场大战迫使帕提亚人臣服，因此他又被尊称为"尼卡诺"[1]。他在位统治 31 年，其子安条克·索特继位，在位 19 年[2]。其后安条克·提奥斯继位，在位 10 年[3]。到了第 11 个年头，帕提亚人起义反抗马其顿统治。从那时起，勇敢的阿尔沙克开始掌权，他是亚伯兰后裔基土拉的子孙，这完全印证了神对亚伯兰的承诺："我必使你的后裔极其繁多，国度从你而立，君王从你而出。"（《创世纪》17:6 和 16 的合并）

阿尔沙克及其子孙的统治，对马其顿的战争和交好罗马

我们说过，英勇的亚历山大死后 60 年，阿尔沙克在贵霜地界一个叫巴赫尔－阿拉瓦丁[4]的城市统治着帕提亚。他发动一系列声势浩大的战争夺取了整个东方，又将马其顿人驱逐出巴比伦。他听说罗马控制了整个西方和海洋，罗马人没收了西班牙人的金银矿，并向加拉太人和亚细亚王国强征贡品。他遣使寻求结盟，使马其顿孤立得不到外援。他承诺不

---

[1] 塞琉古一世于公元前 312—公元前 311 年占领了巴比伦，塞琉古王朝由此开始。

[2] 即从公元前 280—公元前 262 年（或公元前 261 年）。

[3] 即从公元前 262（或者公元前 261）—公元前 247 年。

[4] 巴赫尔－阿拉瓦丁即巴克特里亚的巴赫尔城。

进贡赋，但每年只上交一百塔连特金币。

这样，他在位统治了 31 年，他的儿子阿尔塔什斯又统治了 26 年，阿尔塔什斯的儿子继承了王位称阿尔沙克"大帝"，他与狄米特琉斯及其儿子安提贡作战，安提贡曾率领马其顿军队攻击巴比伦，但战争中他却被俘虏了。阿尔沙克给他戴上脚镣带到了帕提亚，由此他又被称为"西里平德斯"。但他的兄弟安条克·赛德斯得知阿尔沙克离开后，趁机占领了叙利亚。后来阿尔沙克带着 12 万大军回师讨伐。安条克因严冬天寒而不知所措，在一片地势狭窄地方与之对峙并全军覆没。阿尔沙克统治了整个世界三分之一的土地，这一说法源于希罗多德《历史》的第四卷中所提及的内容，该书将整个世界分为三大部分，分别称为欧罗巴、利比亚和亚细亚，而阿尔沙克统治着亚细亚。

瓦拉尔沙克被任命为亚美尼亚国王

彼时，阿尔沙克立其弟瓦拉尔沙克为亚美尼亚国王，将该国北部和西部领地都划给他管辖。正如我们在第一章①中所述，瓦拉尔沙克精明勇敢，他恩威天下并在各个方面为国民制定了规章律法。他建立了多个公国，并从我们祖先海克的后裔中选出有才干的能人担当这些公国的世袭君主②。

在征服马其顿战争结束之后，这位勇敢的帕提亚人开始实施仁政。最重要的是，他首先补偿了沙姆巴特·巴格拉特这个强势睿智的犹太人，赋予其家族安息加冕官的权利，他的后裔都因其名字而称巴格拉提德人，现在该家族掌控着亚美尼亚境内一个伟大的公国。正因如此，在阿尔沙克与马其顿开战之前，巴格拉特就宣誓效忠瓦拉尔沙克，而且还在朝廷身居要职。之后，他被任命为亚美尼亚语地区的总督并作为王公管理西部，辖区人口达11000人。

我们回头再来谈谈瓦拉尔沙克与本都和弗里吉亚的战争及其取得的胜利。

---

① 参见第一章"神话传说的发现者和发现地""海克家族的后代其人其事"。
② 参见第二章"瓦拉尔沙克在亚美尼亚西部和北部地区施政""王国和公国的组织体系以及瓦拉尔沙克的治理""王国二号地位给了米底王阿兹达哈克的后裔"。

瓦拉尔沙克将亚美尼亚勇士整编成军向马其顿盟军进发

阿尔沙克与马其顿的战争结束后，他占领了巴比伦和亚述的东西大部，瓦拉尔沙克从阿塞拜疆和亚美尼亚中部调集了一支大军，其中就包括这位巴格拉特及其麾下勇士。格拉姆和迦南到湖边的年轻人，沙莱和古沙尔的后代，以及邻近的西萨克和卡德莫斯的后人及亲戚都加入了这支大军，这部分人约占我国人口的一半[1]。他来到了国家的地理中心，即位于大沼泽河源阿拉克斯河岸边阿尔马维尔附近的山丘。我们不得不承认，他们对军事战术真的一无所知，故而在那里停留多日。

瓦拉尔沙克从那集结了亚美尼亚全部兵力到达边界卡尔提克[2]。拉齐卡、本都、弗里吉亚、马兹哈克等地对阿尔沙克发动战争的消息一无所知，还都忠实地维系着与马其顿帝国的同盟关系。一个叫莫普里克的人将上述这些地方的人联合起来，

---

[1] 关于格拉姆、沙莱和西萨克的描述见第一章"海克起义"；关于迦南的描述见第一章"塞弥拉弥斯死后发生的事情"，关于卡德莫斯的描述见第一章"海克起义"。古沙尔并没有列在海克的直系后裔中，参见第二章"王国二号地位给了米底王阿兹达哈克的后裔""阿尔达希尔对曼达库尼家族的屠杀"。

[2] 卡尔提克，亚美尼亚西北部一地区，位于黑海和上切沃河之间。

向瓦拉尔沙克宣战。双方在一座岩石嶙峋的高山即今科洛尼亚遭遇，彼此之间只有百米远，连续几天都在加固阵地。

莫普里克参战并被长矛刺死

在加固阵地多日后，对方开始对我方发动进攻。不管是否出于本意，莫普里克整肃好己方战线，随即发起猛烈进攻。他精神抖擞又身强力大，四肢修长且比例匀称，手持铜铁兵器带领人数并不占优的精兵强将，将瓦拉尔沙克的年轻精锐打得溃不成军。他试图穿过亚美尼亚庞大坚固的中军直取国王。他奔袭到近前成功投出了标枪；因为力大，标枪如振动双翼疾驰的飞鸟投得很远。但是，海克的族人和亚述人塞内克里姆没有多久就挡住了他前进的道路。他们用长矛攻击，最终杀死这位英雄，并向他的军队发动攻击致使其大败。战场血流成河，如雨水浇灌大地。此后，这片土地在瓦拉尔沙克的控制下一直享受着和平，来自尚武的马其顿人的军事威胁得到了解除。

瓦拉尔沙克在亚美尼亚西部和北部地区施政

解决了所有问题之后，他又对马兹哈克、本都和埃吉里亚地区进行了区划调整。他返回北方泰克地区，来到帕克哈尔①山脚下，那里到处都是多雾潮湿的森林和苔藓。他将这片土地进行了改造，多山的热带地区气候温和宜人，最终变成漂亮的皇家度假胜地。他准备了一些棚架凉亭，这样他夏天可以去北方消暑。他开辟了两处狩猎围场，那里地势平坦、树木繁茂，还有群山环抱周围。他把气候炎热的科尔②改建成葡萄园和花园。这里，我认真地记下这位被人景仰爱戴的瓦拉尔沙克的一切信息。我只是继续忠实叙述并记录这些地点，省略某些修辞和修饰用法，以保持对这位英雄豪杰的钦佩之情。

他对身居北部平原，大高加索山脉及其南麓到大平原的幽谷中的蛮族进行招安，令他们放弃抢劫和暗杀行为，服从皇家的命令并照章纳税。这样下次会面时，他就可以任命其中一些头领和王公在合适的机构任职，然后再用文官和督军把他们解职。他自己遣散西部的军队，来到边界沙莱附近的草地，古人称之为"无林地带"和"巴瑟安"③，但后来因保加利亚人的一支在此居住而得名"瓦南德"。直到今日，这些村庄的名字都来自这支保加利亚人的后裔。

---

① 泰克和帕克哈尔，位于格鲁吉亚边境。

② 科尔，泰克一地区。

③ 巴瑟安，埃尔祖鲁姆以东阿拉拉特一地区。

当北方因刺骨朔风而成为极寒之地时，他便南下来到大平原地区。他在梅茨马尔河岸扎营，发源于北方湖泊的那条大河在这里与梅茨马尔河汇合。他在那里整肃军队，留下督军署理管辖，他自己则带着所有的首领前往尼西比斯。

王国和公国的组织体系以及瓦拉尔沙克的治理

这一章内容比较重要，都是可靠的历史记录，非常值得精雕细琢的阐述。其间有很多内容涉及房屋、家庭、城市、村庄、庄园的治理以及王国的整个体制。另外与王国息息相关的军队、将领、总督及其他类似事务也有提及。

首先，国王瓦拉尔沙克从约束自身和管理皇冠开始严格要求自己和皇族。他对犹太人巴格拉特对国王的效忠及其勇武行为进行奖赏，授予其家族前面提到的王公头衔和为国王加冕（即担任加冕官）的权力以及宗族首领的职权，在宫廷陪王伴驾时可头戴三排珍珠而不嵌黄金和宝石的低级王冠。

瓦拉尔沙克从迦南人的后裔中选出专门给他戴手套的人，并称之为格图尼人。我也不明其中缘由。他从霍尔·海克赞 ① 的子孙中挑选全副武装的保镖，这些精锐勇士都拿

---

① 参见第一章"海克家族的后代其人其事"。

着刀枪守卫着他。他任命马尔哈兹为公国之主，此人出身高贵，作战勇敢，但他保留了家族的原姓。他让加尼克人的后裔，格拉姆的孙子达特负责皇家狩猎。瓦拉尔沙克的儿子名叫瓦沙[1]，这个家族的名字就是由此而来。但这都是后来阿尔塔什斯时期的事情了。他任命了一个叫贾巴尔的人管理粮仓，还任命亚伯为管家和礼宾官，又赐给以他们名字命名的村庄。因此，管理这些公国的就是亚伯家族（又称"阿别良家族"）和贾巴尔家族（又称"加别良家族"）。

我所知道的阿茨鲁尼人并非我们提及的阿茨鲁尼人，而是阿茨伊－乌尼人。他们通常驾着猎鹰走在国王前面。我省略了哈达玛克特讲述的一些荒谬的寓言故事，其大意是：大雨和骄阳交替摧残着一个沉睡的男孩，而一只鸟儿用自己的身躯保护着这个昏昏欲睡的年轻人。我知道格努尼人其实就是基尼－乌尼人，他们为国王准备享用的酒水。他们的角色和称谓都发生了奇妙的变化：用精选美味的葡萄酒准备皇家宴会的人被称为基恩，据说瓦拉尔沙克对这个人非常满意，把他列入了贵族行列。这两个家族都是塞内克里姆的后裔，

---

[1] 见第二章"阿尔塔什斯一世及其篡权上位"，那里他被称为瓦拉兹。

即阿茨鲁尼家族和格努尼家族。

瓦拉尔沙克派斯潘杜尼家族管理献祭的牲畜，派哈乌尼家族放牧猎鹰，因为他们都住在森林里。如果你认为我不是在胡诌八扯，迪兹瓦纳坎人是王室夏宫和冬日积雪的守护者，随着地位的上升，他们也被尊为皇亲国戚。

瓦拉尔沙克组建了四队宫廷侍卫，每队配有一万名带刀护卫，他们都来自我们古老的祖先海克一脉，被尊称为最早的"奥斯坦"，他们在不同时期从父辈那里继承了村庄和地产。但后来，据我所知，波斯王任命了其他卫队，也称之为"奥斯坦"。我不知道是因为前一个家族灭绝了，还是因为一些争议，他们驱逐了这个家族，并任命了其他皇家卫队取而代之。但前者肯定是早期国王的后裔，就像现在的格鲁吉亚赛普苏尔家族一样。他下令从该家族中挑选床边侍者，任命海尔为大内总管，因为海尔出身高贵的王族，又是阿塞拜疆一直到楚阿什①和纳克沙万②地区的首领，但我不知道他的事迹为何消失在历史的尘埃中。

---

① 楚阿什，瓦斯普拉坎的一个区。
② 纳克沙万，在阿拉克斯河畔，既是省名又是镇名。

王国二号地位给了米底王阿兹达哈克的后裔

在王宫整顿好后，王国二号地位给了米底王阿兹达哈克的后人，米底人就是现在的穆拉钦人。米底人并不称这一族人王公为穆拉钦领主，而是马拉特领主。国王瓦拉尔沙克把米底囚犯居住的所有村庄都留给了这位米底王的后人。在讲亚美尼亚语的东部边疆地区，瓦拉尔沙克任命了西萨克家族和卡德莫斯家族的两位王公为督军，我们在前面章节中提到过他们[1]。

此后，通过治理著名肥沃的东北地区亚兰[2]，瓦拉尔沙克成为人们心中的睿智聪敏豪杰人物。这一地区靠近库拉河，这条大河将广阔的平原一分为二。但谨记，在本书第一章中，我们没有提及这个名声在外的西萨克部落，他们继承了阿尔巴尼亚平原和阿拉克斯河附近的山区，最远一直到达纳拉克特[3]要塞。这一地区因他生活中讲究平淡随和而被叫作阿鲁安克即阿尔巴尼亚，人们也因此称他为阿鲁。他的后裔就

---

① 参见第一章"海克家族的后代其人其事"。

② 亚兰，即高加索阿尔巴尼亚。

③ 纳拉克特，在库拉河畔。

是因英勇而著称的亚兰，瓦拉尔沙克任命他为军事长官。据说，乌提①家族、加德曼②家族、措德克③家族和加尔加④王公都是其后代。

沙莱子孙的后裔古沙尔继承了马丁山⑤，即康加克山，又继承了查瓦赫、科尔布、措伯、佐尔一半的地盘，最远到达纳拉克特堡垒。但阿肖特的领主地位和塔希尔·瓦拉尔沙克的公国都给了古沙尔·海克赞的子孙。在高加索山对面，古沙尔任命这个强大家族的人担任北方总督，赋予公国首领古加拉特大祭司的头衔。这些都是大流士总督米尔达特的后裔，亚历山大早年带到此地并让其作为王公来管理尼布甲尼撒带来的伊比利亚俘虏，正如希腊史学家阿比德努斯所述："力量堪比赫拉克勒斯的尼布甲尼撒，他调集军队来攻击利比亚和伊比利亚。他击溃了对手的抵抗并将其完全制服。他带走一部分人在本都海右岸定居下来。"（在西方人眼中，伊比利亚位于整个世界的边缘地带。）他在巴瑟安广阔山谷中建立

---

① 乌提，位于库拉河和塞凡湖之间的一个省。

② 加德曼，乌提省一地区。

③ 措德克，在亚美尼亚西南部，底格里斯河西岸。

④ 加尔加平原，位于乌提省。

⑤ 马丁山，意为"黑暗的山"。

了奥杜尼公国。他们都是海克的后裔。

有一个名叫"图尔克"的人被任命为西部总督，这人长得又高又丑，塌鼻子，深眼窝，双斜眼，是海克的孙子帕斯卡姆的后代。[①] 人们叫他"安格尔"就因为其身强力壮且面貌奇丑。因为面部畸形，他称本家为安格尔家族。如果有人愿意倾听，我也可以夸夸海口，就像波斯人说罗斯托姆·萨吉克力量堪比 120 头大象那样。那样一来，歌颂他的力量和精神的赞歌似乎太过于夸张。即使是参孙、赫拉克勒斯或萨吉克的故事也无法与之媲美。人们在歌谣中唱到他拳头攥着光滑完整的硬石，放在口中随意咬成碎块，并用指甲把石头磨光做成石板，他还可以用指甲在上面刻上雄鹰和其他类似的图案。当敌船到达本都海岸边时，他直扑过去；在他到达敌船之前，敌人已经撤退到水面上数丈远。据说，他搬起小山一样的巨石扔向敌人。不少船只因溅起的水花而沉没，水花掀起高高的海浪把剩下的船只推出数里远。这个故事十分离奇，简直是故事中的传奇！但这会给你什么感觉呢？老实说，他的强大配得上这样的传奇故事。

---

① 关于帕斯卡姆是安格尔家族的祖先，参见第一章"塞内克里姆的儿子及其后裔阿茨鲁尼家族、格努尼家族和阿尔兹尼克大祭司：源于帕斯卡姆的安格尔家族"。

此后，瓦拉尔沙克建立了伟大的措普克①公国，即所谓的第四亚美尼亚以及阿帕胡尼公国、马纳瓦泽安公国和布兹努尼克公国，建立这些公国的家族同样都是海克的后代。他挑选当地最杰出人物立为领主，并以他们所在的村庄和行省为其命名。

但我们还是忘了那个坚强不屈的人物斯拉克；我不敢肯定他是海克的后裔，还是在此生活的其他先人的后裔，古老的故事传说都曾经讲述过他们。斯拉克很勇敢，被派去和几个人守山和捕羊。这些人被称为"斯尔库尼人"。他同样任命了呆板的米安达克，曼达库尼人就是其后裔。

瓦哈根的孩子中有人自愿要求担任神庙的牧师。瓦拉尔沙克非常尊敬他们的意愿，遂将祭司的职位托付给他们；又将他们立为重要公国的王公，称其为瓦乌尼人。他又从先王们的子嗣中挑选亚拉瓦尼安人和撒勒哈人，让他们在以自己名字命名的城镇定居。

瓦拉尔沙克又立萨纳萨尔家族的沙拉珊为大祭司，同时还任命他为亚述边界底格里斯河西南地区的总督，并将亚得赞和周边土地连同金牛山即西姆山和整个克雷苏莱②地区赐给

① 措普克，亚美尼亚西南部的一个省，位于幼发拉底河的河曲。
② 克雷苏莱是比特里斯的隘口。

他作为行省领地。

瓦拉尔沙克找到一个名叫莫卡特的土匪头子，并以这个人的名字建立公国。他如法炮制，给库尔杜阿家族、安德泽瓦茨家族和阿奇阿特家族都建立了和家族同名的公国。但对于阿什图尼家族和戈尔登家族，我发现他们确实都是西萨坎家族的分支。我不知道他们是用人名来称呼地名，还是用地名来命名公国。

此后，他在阿尔马维尔建了一座神庙，竖起了日月神像和祖先雕像。他用决绝的言辞恳求当时的加冕官和宗族首领犹太人沙姆巴特·巴格拉特放弃犹太律法，转而崇拜偶像。但他拒绝了，瓦拉尔沙克国王只好让他遵循自己的意愿行事。

瓦拉尔沙克还下令修复塞弥拉弥斯①城，除了在人口稠密的地方建立重要村镇，他还在其他地方建造了很多吸纳众多居民的城市。

在宫廷内，他制定专门的典章制度，细分了觐见、廷议、宴会和娱乐活动时间。他将军队划分为不同的等级：一级、二级、三级，等等。他任命了两个书记员，分别负责记录功劳和惩罚。他令记功人在国王发怒可能下达不公命令

① 参见第一章"亚拉死后，塞弥拉弥斯建造城市、水渠和宫殿"。

时，一定要提醒国王注意公正和慈悲。他任命法官在宫廷和各个城镇履职。他确保市民要比农民受到更多的尊敬和荣耀，农民也要像尊重王公一样尊重市民。但城里人不应在农民面前过分夸耀自己，为了社会和谐要彼此像兄弟般无怨无悔地生活。这才是繁荣、和平和幸福生活的根本。

由于儿孙众多，让他们全都留在尼西比斯并不合适。于是他们都迁往哈什坦省和塔伦①城外靠近边界的山谷。他从国库的特别收入和税收中拨出一笔钱补偿给他们所在的村庄。为了国家大计，他只留下了长子阿尔沙克及其独生子，他给孙子取名阿尔塔什斯并将其视为掌上明珠。因为这个小伙四肢强壮，精力充沛，给人留下了日后定会有所作为的良好形象。从那时起，直到不远的将来，安息王朝一直奉行这一规则：一个王子作为王位的继承人相伴国王左右，其他儿女都要到哈什坦那边的家族世袭领地去居住。

经过在位期间如此英明的治理，瓦拉尔沙克在统治22年后于尼西比斯去世。

---

① 哈什坦在塔伦西部。

阿尔沙克一世及其丰功伟绩

瓦拉尔沙克之子阿尔沙克统治亚美尼亚13年。他狂热追随其父的治国美德，组建了许多高效的施政机构。在与本都的战争中，他在海边留下了一座纪念碑。据说，他站在那里把蛇血淬炼的圆尖长矛戳进海边的石柱里。很长一段时间，本都住民都把这根柱子视作众神的杰作。但当阿尔塔什斯再次攻打本都时，他却把这根柱子扔进了海里。

在阿尔沙克一世统治时期，保加利亚的大高加索山发生了一场声势浩大的骚乱。许多保加利亚人后来逃难进入亚美尼亚境内，在科尔山下那片肥沃的麦地旁长期定居下来。

阿尔沙克对巴格拉特的儿子进行迫害，试图让他们改宗崇拜偶像。其中有两个儿子为了固守祖上信仰习俗，不避刀剑英勇就义。将此二人称为阿纳尼亚和以利亚撒二人组的追随者，我并不感到羞耻。但其他人只接受这一规定：只在安息日骑马出去打猎或出征讨伐，孩子出生时因还没有结婚可不受割礼。阿尔沙克又下令说，不起誓放弃割礼就不会把皇室女子嫁给他们为妻。他们后来也只接受了这两个条件，但仍拒绝崇拜偶像。

备受敬重的玛尔·阿巴斯·卡蒂纳的叙述到此结束。

玛尔·阿巴斯·卡蒂纳典籍背后这段历史的出处

我们将从年表学家阿非利克努斯的第五卷书开始叙述，约瑟夫斯、希波吕图斯以及许多其他希腊作家都为之提供了确切的证据。因为他抄录了所有来自埃德萨，也就是乌尔哈档案馆的契据，这些契据与我们亚美尼亚国王的历史息息相关。这些典籍都是从尼西比斯和本都的锡诺普神庙运到这里的①。没人会怀疑这点，因为我们亲眼看到了这些档案。作为一个近在眼前的实证，凯撒利亚尤西比乌斯的《教会史》就是明证，我们敬爱的先师马什托茨②已经将其译成了亚美尼亚语。如果在休尼克省的格拉库尼搜索一番，你就会发现在第一章"亚兰对东方民族开战，战争获胜，尼卡人马迪斯及其死亡"中，他可以证明埃德萨档案中有早期亚美尼亚国王的所有行为记录，从阿布加尔一直到埃鲁安德。我认为这些档

① 关于从尼西比斯转移档案，参见第二章"建城埃德萨并简述启示者家族"；关于锡诺普的神庙史志，见第二章"埃鲁安德试图抓住小阿尔塔什斯使他离开美索不达米亚"。

② 马什托茨，在其他地方一直使用"梅索普"。

案今天仍在这个城市中保存。

阿尔塔什斯一世及其篡权上位

阿尔塔什斯在波斯王阿尔沙坎在位第24年接任父亲阿尔沙克当上亚美尼亚国王。随着财富的不断增长，他不再满足二等公爵位，转而觊觎最高权位。阿尔沙坎对他十分信任，赐爵一等公。阿尔塔什斯高傲好战，在波斯为自己营造宫殿，并在硬币上铸造自己肖像。他的权威凌驾于波斯王阿尔沙坎之上，同时委派自己的儿子提格兰为亚美尼亚国王。

他让提格兰跟一个名叫瓦拉兹的年轻人学习。瓦拉兹是格拉姆的后裔，加尼克的子嗣，达特的儿子，因善射而出名。于是立他为皇家猎场的主管，并将拉兹丹河畔的村庄都赐给他；瓦拉兹努尼家族因其而得名。阿尔塔什斯把妹妹阿塔珊嫁给了一个名叫米特拉达梯的人为妻，此人是格鲁吉亚的大祭司，是大流士总督米特拉达梯的后裔，亚历山大曾派他管理过伊比利亚俘虏，这一点我们前文已经提过。阿尔塔什斯把北方山区和本都海等地的事务都交给他管理。

阿尔塔什斯大军东进，俘虏克罗伊斯并把神像作为战利品运抵亚美尼亚

阿尔塔什斯下令从东部和北部征调军队，这支大军规模异常庞大，甚至他都不知道具体人数；在路上大军休息之地，他令兵士每人留下一块石头堆成一个大石堆来展现大军的规模。随后他向西进军，俘虏了吕底亚国王克罗伊斯。

他在亚细亚发现了阿尔忒弥斯、赫拉克勒斯和阿波罗的镀金铜像，随即下令把它们带回国安置在阿尔马维尔。瓦乌尼家族的祭司长把阿波罗和阿尔忒弥斯的神像安置在阿尔马维尔，但是对于克里特岛的斯基拉斯和狄本尼斯①所造的赫拉克勒斯雕像，他们认为那就是他们的祖先瓦哈根，所以阿尔塔什斯死后，雕像就立在塔伦的阿什提沙特。

阿尔塔什斯征服了两大海洋之间的土地后，海上到处都是他的船只，他想要征服整个西方。罗马发生动乱后，没有谁能对他组织起有力的抵抗。但我不清楚具体引起这次动乱的原因，但无数军队在战场上互相厮杀。据说，阿尔塔什斯

---

① 斯基拉斯和狄本尼斯是兄弟，传统上认为他们生活在米底时代。

逃跑时却被自己的军队误杀。他在位统治25年。

阿尔塔什斯还从希腊抢来宙斯、阿尔忒弥斯、雅典娜、赫菲斯托斯和阿弗洛狄特的神像，让人带回亚美尼亚。但在入境前，阿尔塔什斯死亡的噩耗传来了。押送神像的人都逃走了，他们把神像带到了阿尼要塞。那些祭司就同押送神像的人一起随队前往。

其他史学家为阿尔塔什斯帝国和俘虏克罗伊斯提供的证据

希腊史学家对历史事件的描述浩如烟海，并不是孤立的一两处。出于对这些事件的质疑，我们做了许多研究。我们听说历史上有居鲁士杀死克罗伊斯并摧毁了吕底亚王国的记载。克罗伊斯向尼克塔尼博的提议再次被提起。马涅托说，这位尼克塔尼博是埃及的末代国王。有人称他为亚历山大之父，但是我们发现克罗伊斯的时代要比尼克塔尼博早200年，而尼克塔尼博的时代比亚美尼亚国王阿尔塔什斯一世还要早200多年。

因为许多人都说阿尔塔什斯俘虏了克罗伊斯，而且说得言辞凿凿，我这才相信。波利克拉底这样说道："我认为帕提亚的阿尔塔什斯要比马其顿的亚历山大更有优越感，他身居国内，却统治着底比斯和巴比伦。他不用渡过哈利斯河就消灭了吕底亚军队，俘虏了克罗伊斯；在到达亚细亚之前，他在阿提卡要塞就已被宣布死亡。唉，这就是他的命啊！要是他死在御座上而不是逃亡途中就好了！"

埃瓦戈罗斯也赞同他的观点："亚历山大和大流士发动战争与阿尔塔什斯相比简直微不足道。前者在征战中，阳光被扬起的尘埃遮蔽了，而后者在征战中，箭弩齐射把太阳遮蔽得暗淡无光了，炎炎正午因此变成了漆黑夜晚。他不让吕底亚人逃跑去传递消息，甚至下令把他们的国王克罗伊斯放在一个大鼎里。因为他的存在，湍急的河水并没有涨高，他的士兵喝完水后河水就降到了冬天的水位。他的军队人数众多，数字用来计算都已经不方便了，现在需要的是测算而不是计数了。对于这一切，他并没有夸耀，只是一个劲儿地哭诉道：'唉，这荣耀真是转瞬即逝啊。'"

斯卡马德罗斯还写道："吕底亚傲慢的克罗伊斯被皮提亚神谕欺骗了：'通过哈利斯河后，克罗伊斯将大败强敌。'他以为这句话指的是打败别人，但他却打败了自己。帕提亚的阿尔塔什斯俘虏了他，下令把他扔进一个铁鼎里。但克罗伊斯想起了雅典人梭伦的名言，便用自己的方言说道：'梭伦，

096　　　　　　　　　　　　　　❧ 亚美尼亚史

梭伦，你说得对啊，一个人生前不应该总说自己的命好。'站在旁边的人听见这话，就转告阿尔塔什斯说，克罗伊斯仍在呼唤其他的神祇来救援呢。阿尔塔什斯心生慈悲，下令把他带来。当他询问并知晓他召唤的神祇后，于是下令不要对他动刑。"

菲利戈尼也写道："帕提亚的阿尔塔什斯是真正的万王之王。他不仅打跑了吕底亚人，擒获了克罗伊斯，还在达达尼尔海峡和色雷斯使出了改天换地之功。在陆上，他也能像在海上一样劈波斩浪，在海上他也能像路上一样健步如飞。他威胁色萨利人，他的威名令希腊人啧啧称奇。他消灭了拉克代蒙人，赶走了佛基斯人；洛克里司人投降了，比提尼亚人也成了他军队的补充兵源；整个希腊都对他肃然起敬。但不久之后，他所遭受的灾难就超过了所有的人。居鲁士与马萨格泰人的战争也没有那么倒霉不堪；躲避斯基泰人的大流士和躲避埃塞俄比亚人的冈比西斯所遭受的不幸也不过如此；薛西斯率军向希腊进军，他把自己的财宝和帐篷都丢给了敌军，独自一人死里逃生，这一切都不值一提。阿尔塔什斯因其辉煌战果而洋洋自得，但没想到却被自己的军队误杀了。"

我认为上述这些叙述是切实可信的，生活在居鲁士或尼克塔尼博时代的克罗伊斯要么是虚构的人物，要么就是许多国王都有这同一个名字，使用同一个名字也是很多地方的传统习惯。

提格兰的中期统治，抗击希腊军队，建造神庙以及入侵巴勒斯坦

阿尔塔什斯一世死后，其子提格兰在波斯王阿尔沙坎在位四十九年时登基。阿尔塔什斯死后军队被解散，希腊大军犯境，提格兰征调亚美尼亚军队迎击希腊军队。他奋起反击，阻挡敌军攻势并把他们赶回原籍。他把马兹哈克[①]和安那托利亚托付给他的妹夫米特拉达梯，留下一支人数不菲的军队，自己则返回了国内。

他的第一项任务就是建造神庙。但来自希腊的牧师们决定不进入亚美尼亚境内腹地。为找个借口，他们假装出现了预兆，说诸神希望驻留在某个地方。提格兰同意了，并在阿尼要塞立起了奥林匹斯主神宙斯的雕像，在泰尔立起了雅典娜的雕像，在埃雷兹立起了阿尔忒弥斯的第二座雕像，还在巴加亚林立起了赫菲斯托斯的雕像。还有一座赫拉克勒斯钟

---

① 马兹哈克即凯撒利亚。

爱的阿弗洛狄特的雕像，他下令在阿什提沙特与赫拉克勒斯的雕像立在一起。他对瓦乌尼人擅自在其私有领地竖起他父亲送的赫拉克勒斯雕像十分震怒，于是他解除了瓦乌尼人担任的祭司职务，并将竖立雕像的村庄收归皇室所有。

就这样，他建造了一些神庙，庙前设立祭坛，他下令所有的王公献祭敬拜。对此，巴格拉提德家族并不认同，于是他以玷污神像为名割下了一个族人阿苏德的舌头。但他并没有以其他方式非难他们，因为他们虽然自己不献祭不礼拜，但都同意吃包括猪肉在内的国王祭品中的肉食。他剥夺了这个家族指挥军队的权力，但没有废黜他们宗族首领的职位和加冕官的头衔。他亲自到美索不达米亚找到巴尔沙明的雕像，用象牙、水晶和银器来装饰它。他下令把雕像搬来立于托尔丹城。

此后不久，提格兰出兵进攻巴勒斯坦，伺机报复托勒密的女儿克里奥佩特拉，因为她的儿子狄奥尼修斯忤逆反抗自己的父亲。他俘虏了许多犹太人，并包围了托勒密城。犹太人王后亚历山德拉，又名梅萨利娜，是亚历山大的妻子，而亚历山大是约翰的儿子，约翰又是犹大·马加比的弟弟西蒙的儿子。当时亚历山德拉已经占据了犹太人的御座，她给了提格兰许多重金礼物才促使他罢兵。他这时得到报告说，有一个叫瓦昆的土匪正在亚美尼亚制造骚乱，还占据了一座易守难攻的大山，这座大山时至今日仍以这个强盗的名字命名，叫做瓦昆尼山。

罗马大将庞培进攻亚美尼亚，攻占马兹哈克以及米特拉达梯之死

当时，罗马大将庞培带领一支大军来到小亚细亚，他派遣指挥官司考路斯前往叙利亚与提格兰决战。司考路斯赶到那里，但没有与提格兰遭遇。提格兰因土匪的恐怖袭击已经回国。于是司考路斯就前往大马士革。他见那城被梅特卢斯和卢路斯攻占，于是就把他们赶跑了。后来他急忙赶往犹太去帮助他哥哥亚历山大的儿子大祭司海尔卡努斯迎战亚里斯多布鲁斯。

但庞培在与米特拉达梯的战争中遇到了顽强的抵抗，激烈残酷的战斗使他处于极其危险的境地。但他人数占优最终取得了战事的胜利，米特拉达梯被迫逃到了本都地区。庞培现在出奇兵攻占马兹哈克，抓住了他的儿子小米特拉达梯，并驻军城内。但他自己并没有乘胜追击米特拉达梯，而是匆匆穿过叙利亚来到犹太。他通过本丢·彼拉多的父亲之手毒

死了米特拉达梯。关于这件事，约瑟夫斯在谈及舒缓疗愈的那段文字中提供了证词，原文如下："米特拉达梯的死讯传到了正在耶利哥附近的庞培那里。"

提格兰进攻罗马大军，加比亚努斯撤军，小米特拉达梯获释

亚美尼亚国王提格兰把犹太囚犯安置在阿尔马维尔和卡萨尔河畔的瓦尔吉斯城①，他剿灭了山上的土匪，处理完米特拉达梯的丧事后，率军赶赴叙利亚迎战罗马军团，伺机实施报复。庞培返回罗马留下指挥官加比亚努斯前来迎战。但加比亚努斯无法抵抗提格兰，并以得到托勒密的命令为借口，从幼发拉底河退回埃及。他和提格兰达成了秘密协议，把庞培在马兹哈克俘虏的提格兰的表弟小米特拉达梯（米特拉达梯的儿子）交还给他。加比亚努斯后来撒谎说是他自己逃脱的。

---

① 卡萨尔河畔的瓦尔吉斯，关于这个城镇的故事传说以及作为商业中心的重要意义，参阅第二章"瓦拉什的统治，巴瑟安城的建造，诺尔卡拉克城墙的修筑，与卡萨尔人的战争，以及他的死亡"。

克拉苏发动战争但被提格兰打败

罗马人起了疑心，随即撤换了加比亚努斯，派出克拉苏代替出战。克拉苏抵达后就把耶路撒冷神殿里所有的财宝洗劫一空，随即发兵攻打提格兰。他渡过幼发拉底河，在与提格兰的决战中全军覆没。提格兰取得了所有宝藏，班师回到了亚美尼亚。

卡修斯抵抗提格兰，米特拉达梯叛乱和凯撒利亚建城

罗马人被激怒了，又派卡修斯率大军前去抗击提格兰，阻止亚美尼亚军队越过幼发拉底河进入叙利亚境内。

此时，提格兰开始对未谙世事的小米特拉达梯产生怀疑，根本不把他视为自己的亲表弟，没有分给他任何权力和自己在格鲁吉亚的任何领地。米特拉达梯忍受不了提格兰的蔑视，发动叛乱转而投奔凯撒。从凯撒那里，他得到佩吉城作为自己的公国。他听从凯撒的命令，成了希律的父亲安提帕特的得力盟友。他把马兹哈克扩建成更加宽敞的城市，为了纪念凯撒而改名"凯撒利亚"，城内还建有宏伟的建筑。从

那以后，亚美尼亚人就失去了对这座城市的控制。

提格兰和阿尔塔什斯结盟，入侵巴勒斯坦，大祭司海坎努斯和许多犹太人被俘

从这以后，提格兰病倒了，他请求与波斯王结成联盟。他父亲曾剥夺了他们头等爵位，但此时，他心甘情愿地接受法定的二等爵位并恢复波斯王的一等爵位。提格兰与波斯王和解之后，他获得波斯王的一支援军。于是，提格兰将阿什图尼贵族首领巴尔扎夫兰召来，派他统领亚美尼亚和波斯联军去攻打罗马军团，并令他与叙利亚和巴勒斯坦居民达成谅解。一个名叫帕克鲁斯的人反对他，此人的父亲曾是叙利亚国王，他自己还和亚里士多布洛斯家族的安提柯有亲戚。他来到阿什图尼王公亚美尼亚和波斯联军指挥官巴尔扎夫兰面前，承诺只要帮助他们推翻海坎努斯，把安提柯推上犹太王位，就送给他五百美女和一千塔兰特金币。

犹太王大祭司海坎努斯和希律的兄弟毗撒耶罗见巴尔扎夫兰打散了罗马军团，败军有的葬身大海，有的躲进城里，就主动向巴尔扎夫兰求和。于是，巴尔扎夫兰派了亚美尼亚国王的侍从，格努尼家族一个名叫格涅尔的人，以和平之名

带着骑兵来到耶路撒冷，但实际上暗地里一直在帮助安提柯。海坎努斯并没有带着全部大军，随身只带了五百骑兵在耶路撒冷接待。这个侍从阴险地建议海坎努斯去巴尔扎夫兰那里讨论国家的前途问题，他自己答应充当中间人。当海坎努斯说想听一听巴尔扎夫兰的誓言时，侍从格涅尔便以日月之神以及天地间一切神像以及波斯王和提格兰的性命向他起誓。海坎努斯相信了，他让希律掌管耶路撒冷，自己带着希律的兄弟毗撒耶罗来到海边一个名叫埃基提番的村庄来见巴尔扎夫兰。

巴尔扎夫兰假装以礼相待，但他自己却突然离开，命令埋伏的士兵把他们擒住，移交给安提柯。安提柯冲向海坎努斯，咬掉了他的两个耳朵，倘若时代改变，他就不可能再担任大祭司一职了，因为律法规定只有身体健全的人才可以立为大祭司。希律的兄弟毗撒耶罗以头撞石一心求死。安提柯派了一名郎中来假意给他疗伤，但却在伤口涂满毒药将其杀害。

巴尔扎夫兰下令亚美尼亚国王的侍从格涅尔在耶路撒冷抓捕希律。格涅尔想诱骗希律自己束手就擒，但希律不上他的当。由于害怕城内有支持安提柯的势力，希律不能再留在城里了，于是他和家人连夜秘密地逃到伊杜马人那里。他把家人留在马察达要塞，自己则匆匆赶往罗马。亚美尼亚军队在安提柯支持者的帮助下，进入了耶路撒冷后并没有大肆杀戮：他们只是拿走了海坎努斯价值三百多塔兰特金币的财物。他们洗劫了整个地区，抢走了海坎努斯支持者的财物，占领了玛利萨城，拥立安提柯为王。他们把海坎努斯和囚犯绑在一起带到提格兰那里，提格兰命令巴尔扎夫兰把玛利萨城的犹太俘虏安置在塞弥拉弥斯城。这事以后不过三年提格兰去世，他在位统治 33 年[①]。

亚美尼亚人与罗马军队又一战，西隆和本迪乌斯战败

希律回到罗马来见安东尼和凯撒，在元老院前向他们讲述自己对罗马的忠诚。他被安东尼封为犹太国王并得到罗马大将本迪乌斯的支援，率军去与亚美尼亚军队交战并摧毁安提柯大军。他带领大军刚进抵叙利亚，亚美尼亚军队便四下奔逃。他留下西隆在幼发拉底河附近抗击亚美尼亚人军队，在杀死帕克鲁斯后回到耶路撒冷与安提柯对峙。但亚美尼亚人再次得到波斯的援助，对西隆发起攻击，西隆只好撤退回奔本迪乌斯，这一战造成了大量的人员伤亡。

---

① 提格兰在公元前 95 年至公元前 56 年或 55 年在位；海坎努斯被俘三年后
应该是公元前 37 年。

安东尼亲自攻打亚美尼亚并占领萨莫萨塔

愤怒的安东尼亲率罗马大军赶来，一到萨莫萨塔就听说了提格兰的死讯。他占领这座城池后留下索修斯帮助希律攻打安提柯以便夺取耶路撒冷。他自己则到埃及过冬去了。他情欲难耐急匆匆赶到那里，一心想要占有埃及女王克里奥佩特拉。这个埃及女王正是托勒密·狄奥尼修斯的女儿，狄奥尼修斯则是托勒密·克利奥帕特的孙子，也是希律的挚友。于是安东尼特意把希律推荐给索修斯。索修斯英勇作战攻克了耶路撒冷，杀死了安提柯，并立希律为整个犹太和加利利的王。

阿尔塔瓦斯德的统治及其对罗马的战争

提格兰的儿子阿尔塔瓦斯德统治亚美尼亚[1]时，他让其兄弟姐妹继承了阿里维特和阿尔伯兰两省[2]的权益，根据哈什坦地区亲族的惯例，他们在这些省份的村庄拥有王室成员特

---

① 阿尔塔瓦斯德，亚美尼亚国王，公元前55—公元前30年在位。
② 阿利奥维特是凡湖北岸一地区，阿尔伯兰在凡湖东北。

权，享有特殊的收入和地租，这样他们就比后来的安息人拥有更尊贵的王室地位。阿尔塔瓦斯德只规定了他们不能住在皇室宫苑所在地阿拉拉特。

但他并没有表现出任何其他高贵勇武的行为，大部分时间都花在笙歌宴饮上。他在沼泽、湿地和多岩地方游荡，照看野驴和野猪。他从不关心什么大智大勇和显赫名声，他一心只想着吃喝，长得肥头大耳，大腹便便。军队指责他这个人过于懒惰和贪吃，但当安东尼剥夺了他对美索不达米亚的管理权时，他勃然大怒，开始召集军队，征召对象包括阿塞拜疆省和高加索山区的居民，以及阿尔巴尼亚人和格鲁吉亚人。随后他南下向美索不达米亚进军，打退了罗马军队。[1]

安东尼囚禁阿尔塔瓦斯德

安东尼愤怒时就像一头野狮子，尤其听到克里奥佩特拉所进的谗言后更是如此，毕竟提格兰对她祖母的虐待一直令她耿耿于怀[2]。她统治时给亚美尼亚人和其他国王带来了致命

---

[1] 大概指的是公元前36年安东尼通过亚美尼亚从帕提亚撤军。

[2] 参见第二章"提格兰的中期统治，抗击希腊军队，建造神庙以及入侵巴勒斯坦"。

的威胁。安东尼杀死了许多国王，除了泰尔、西顿和阿扎特河①沿岸的土地外，他把所得的领地都交给了克里奥佩特拉管理。他率领大军穿过美索不达米亚向阿尔塔瓦斯德进攻。他屠杀了无数的亚美尼亚军队，俘虏了他们的国王。回到埃及后，他把提格兰的儿子阿尔塔瓦斯德和许多贵重的战利品作为礼物送给了克里奥佩特拉。

阿沙姆继位，部分亚美尼亚首次向罗马纳贡称臣，海坎努斯获释以及巴格拉提德家族因其陷入困境

阿尔塔什斯在位 24 年，在他统治后期，召集亚美尼亚军队欲立阿迦姆为王。阿迦姆即阿沙姆，他是阿尔塔什斯的儿子，提格兰的兄弟、阿布加尔的父亲。有些叙利亚人称他为马诺夫，这是遵照一人拥有两个名字的习俗，如希律·阿格里帕、提多·安东尼和提多·犹士都。在同一年阿尔塔什斯（阿尔谢兹）去世，波斯王位传给他的儿子阿沙姆（阿沙维尔），一个还未成年的孩子，没有人能帮助阿沙姆抵抗罗马人。他就和罗马展开谈判，缔结和约，通过希律从美索不

———————————

① 阿扎特是泰尔和西顿以南的一条河，并不是亚美尼亚境内的阿扎特河。

达米亚和凯撒利亚两地进贡。部分亚美尼亚开始成为罗马的附庸。

这时，阿沙姆对一个名叫埃纳诺斯的宗族首领和加冕官非常恼火，因为他释放了犹太人的大祭司海坎努斯，他是巴尔扎夫兰·拉什图尼在提格兰统治时期抓获的俘虏。但埃纳诺斯向国王辩解说，海坎努斯答应交上一百塔兰特金币的赎金。埃纳诺斯渴望收到赎金，答应把这笔赎金交给阿沙姆。于是阿沙姆为他设定了期限。埃纳诺斯打发兄弟塞内基亚去犹太找海坎努斯，以便索取赎金。但当埃纳诺斯的使者到达时，却发现希律为了防止有人密谋反对他已经处死了海坎努斯。因此，到了约定的时间，埃纳诺斯没能交上海坎努斯的赎金，阿沙姆一怒之下就剥夺了他的爵位，下令将他囚禁起来。

那时，格图尼家族的首领撒乌拉在国王面前毁谤说："主公啊，你要知道，埃纳诺斯想要背叛你，他提议我们应让犹太王希律起誓，他会接纳我们，赐给我们原籍的土地，毕竟我们最近在这个国家受到了侮辱。我并没有同意，于是对他说：'我们为什么要用古老的传说和那些老太太的寓言来欺骗自己，非把自己当巴勒斯坦人呢？'他对我失望了，又派人去见大祭司海坎努斯，当然也是为了同样的目的，但大祭司对希律更失望了。我的主公啊，除非你出面制止，否则他是不会放弃这种不忠不义的行为的。"阿沙姆国王听信了这谗言，下令对埃纳诺斯施加各种酷刑。这样做的目的就是迫使他完全放弃犹太信仰，崇拜太阳和国王的偶像，这样国王就会承诺恢复他以前的权威，否则就会把他挂在十字架上，灭九族。他把埃纳诺斯的一个名叫撒利亚亲戚当面处死，并把埃纳诺斯的两个儿子萨帕提亚和亚撒利亚带到一旁的刑场。由于担心他儿子被处死，加之妻妾的哀求，埃纳诺斯和所有族人都顺遂了国王的意愿。最后，埃纳诺斯又恢复了原职。然而，国王对他并没有完全恢复信任，将他派往亚美尼亚，并把那里的土地托付给他管理，其真正目的是把他从美索不达米亚赶出去。

希律与阿沙姆的争执及后者勉强的屈服

这事过后，犹太王希律和我王阿沙姆起了纷争。希律英勇果敢，热心行善，在罗马到大马士革沿途多个城市大兴土木，要求阿沙姆为叙利亚安条克的公共广场找一大批粗活工匠，因为那地方泥泞不堪，无法通行。但阿沙姆拒绝了，并集结军队对抗希律。他通过使者传话给罗马皇帝，劝他不要听令于希律，但罗马皇帝不仅没有使阿沙姆摆脱希律的权威，还把整个安纳托利亚都交给希律统辖。

那时，希律从加拉太和本都领军而来，立其子亚历山大的岳父为安纳托利亚王，一切都在他自己的掌控之下。亚历山大父亲这边是泰门的后裔，母亲那边是米底王族、大流士瓦斯塔斯比的后裔。阿沙姆见此就只能拜希律为主，把所要的工匠都给了他。在工匠的帮助下，他把安条克的公共广场修了20多丈长，并用白色大理石来铺路，这样洪流就可以更容易导流到人行道上，以避免对城市造成损害。阿沙姆在位统治20年后去世。

阿布加尔统治时期，亚美尼亚完全成为罗马属国，与希律大军开战，希律侄子约瑟夫被杀

波斯王阿沙姆（阿沙维尔）统治20年后，他的儿子阿布加尔登基。这个阿布加尔善良又智慧，后因其多年善治而被称为"一代明君"。由于希腊人和叙利亚人读不出他的名字，他们称他为阿布加尔鲁斯。在他统治的第二年，整个亚美尼亚地区都成了罗马帝国的属国。[1] 正如路加福音（《路加福音》

---

① 公元前1年亚美尼亚成为罗马一个行省。

2:1）所载，奥古斯都·凯撒下令要作全国的户口登记。于是，罗马使者代表也被派往亚美尼亚，带来的奥古斯都·凯撒画像在各个神庙都竖立起来。就在那个时候，上帝的儿子，我们的救主耶稣基督诞生了。

那时，阿布加尔正与希律争权。希律下令，亚美尼亚神庙中自己的画像要立在罗马皇帝画像的旁边。阿布加尔不同意，希律就找了个借口与他开战。他派了一支由色雷斯人和日耳曼人组成的军队，对波斯进行突袭并大肆掠夺，还命令军队横穿阿布加尔的领地。但阿布加尔并不示弱，直面迎击，声称奉罗马皇帝命令，军队要穿过沙漠进入波斯。希律对此十分生气，但他自己却束手无措。正如约瑟夫斯所言，因为他的放肆行为有悖于基督宗旨，蠕虫在他体内滋生，所以他必须忍受各种痛苦。他派侄子约瑟夫率领大军向美索不达米亚进军，在布格南省与阿布加尔相遇后就地在那里安营扎寨。约瑟夫死于两军交战，他的军队溃不成军。不久后，希律也死了，奥古斯都将其子亚基老立作犹太人的总督。

建城埃德萨并简述启示者家族

没过多久，奥古斯都去世，提比略继位成为罗马帝国皇帝。①日耳曼尼库斯成为凯撒，并顺利成为波斯诸王公和阿布加尔的上级领导。阿布加尔和这些王公因在战争中杀死希律的侄子被召往罗马。阿布加尔对此愤愤不平，准备发动战争进行谋反。他在亚美尼亚军营所在地建造了一座城市，这座城市之前曾保护幼发拉底河免受卡修斯的侵扰，这座城市就是埃德萨。他把存在尼西比斯宫殿的皇家档案和神庙经院的典籍都转移到那里，另外还有诸如纳博格、彼勒、巴特尼克和特阿拉特等所有神像。

还得提一下没出现在亚美尼亚历史年表中的一位波斯王阿沙维尔，在他死后，他的儿子阿尔塔什斯统治波斯。尽管他没有出现在亚美尼亚历史的年表序列中，也没有出现在目前我们讲述的年表序列中，但是阿沙维尔的后代和他儿子阿尔塔什斯家族使我们亚美尼亚民族皈依了基督教，为了纪念这些人，我们把他们放在本书中与阿尔塔什斯并列，以便读者理解他们和这个英雄人物出自同一家族。随后我们将指出他们祖先抵达亚美尼亚的时间，圣格雷戈里和卡姆萨拉坎都是先祖卡伦和苏伦家族的后裔，我们讲述的这段历史已经到了国王接见他们这一时刻了。

---

① 公元 14 年。

但阿布加尔的叛乱计划并没有成功，因为波斯王国他的亲族之间发生了内讧。他调集军队向波斯进发，试图调和并结束这场内部冲突。

阿布加尔东巡，立阿尔塔什斯为波斯国王，他使兄弟再念手足，我们启示者及其亲族都是其后裔

阿布加尔东巡发现波斯王阿沙维尔的儿子阿尔塔什斯正统治着波斯，而他的兄弟们都反对他；因为阿尔塔什斯打算通过自己这一支脉实行统治，这是他的兄弟们所不能接受的。阿尔塔什斯向他们施压，并以处死他们来威胁，军队和亲族内部也出现了许多纷争和不和。老国王阿沙维尔有三子一女：长子就是现国王阿尔塔什斯，次子卡伦，三子苏伦，他们的妹妹叫科什姆，其丈夫是先王任命的统领所有雅利安人的大将军。

但阿布加尔劝他们和解，并为他们所有人订立了以下讲和条件：阿尔塔什斯及其后裔可以依照本意继续实施统治；他的兄弟们将被称为巴列维，这是根据他们所在城市和广阔肥沃的领地命名的，这样他们就感到更受尊敬，比其他波斯贵族地位更高，毕竟他们是先王真正的后代。他们之间还订

立了条约和誓言，如果阿尔塔什斯家族男性绝嗣，其兄弟家族的子嗣将继承王位。除了正统家族之外，阿布加尔将他们分为拥有如下头衔的三大家族：卡伦·巴列维家族、苏伦·巴列维家族和他们妹妹以丈夫公国名字命名的阿斯帕哈佩特·巴列维家族。

据说，圣格雷戈里是苏伦·巴列维家族的后裔，而卡姆萨拉坎家族则出自卡伦·巴列维家族。我们将讲述他们的祖辈传承情况，现在只能在谈到阿尔塔什斯后再提到他们，这样你就知道这个伟大家族确实拥有瓦拉尔沙克的高贵血统，也就是瓦拉尔沙克的同胞兄弟阿尔沙克大帝一脉。

做了如此安排后，阿布加尔随身携带盟约文本返回，他本来身体就不太好，现又受到可怕病痛的折磨[1]。

阿布加尔东方归来，助力阿列塔斯反抗分封王希律

阿布加尔从东方回来，听说罗马人因他到东方招兵买马而对他产生怀疑。于是，他写信给罗马检察官，说明他去波斯的原因，同时还递上了带回的阿尔塔什斯及其兄弟订立

---

[1] 参见第二章"阿布加尔派往马里努斯的贵族看到基督，阿布加尔开始皈依"。

的盟约文本。但检察官对此并不理会，因为有宿敌进谗言毁谤，这些人分别是彼拉多、分封王希律、吕撒尼亚和腓力。阿布加尔回到自己所在的城市埃德萨，与佩特拉国王阿列塔斯合兵一处，通过阿茨鲁尼人科斯兰支持阿列塔斯与希律抗衡。因为希律早先娶了国王阿列塔斯的女儿为妻，后来肆意凌辱并抛弃了她，所以阿列塔斯就将希律的人从他那里诱劝过来。因为始乱终弃，希律多次受到施洗者约翰的责备，为此他将约翰处死。于是，希律和阿列塔斯之间因其抛弃后者的女儿发生战争，在这场战争中，在勇敢的亚美尼亚人的援助下希律大军遭到了毁灭性打击，这也是上帝为死去的施洗者约翰复仇所下的旨意吧。

阿布加尔派往马里努斯的贵族看到基督，阿布加尔开始皈依

当时，罗马皇帝任命斯托吉乌斯之子马里努斯为统辖腓尼基、巴勒斯坦、叙利亚和美索不达米亚四地的总督。阿布加尔派了两个阿尔兹尼克贵族大祭司玛尔·伊哈布和阿帕胡尼王公沙姆沙格拉姆以及他的心腹亚南，来到贝特库宾城，告诉马里努斯阿布加尔去东方的原因，向他展示阿尔塔什斯

和他兄弟订立的契约文本以寻求他的帮助①。到达时，他们发现马里努斯在伊柳塞洛波利斯。他高规格接待了他们，并回复阿布加尔说："这件事不要害怕皇帝，只要你注意按时足额纳贡即可。"

回来的路上，他们听说了救主基督的神奇就到耶路撒冷去朝拜他。他们亲眼见到了基督，并将此事告诉了阿布加尔。阿布加尔很震惊，但真的相信基督就是上帝的儿子，他说："这些奇事绝非俗人所为，必定是真神使然。因为除了神以外，没有人能叫死人复活。"他的身体因七年前在波斯所患剧痛而饱受折磨，无人能医②，他让人带封信到基督那里，恳求他来治好他的病痛。信是这样写的：

> 这片领地的王公，阿沙姆之子阿布加尔，问候在耶路撒冷地界显现的救世恩主耶稣。
>
> 我久闻大名，听说你不用药物就取得治愈的疗效。你能叫盲人复明，跛脚健行，你能治愈麻风病，驱除邪灵，久病不愈之人都能治好，甚至人死

---

① 参见第二章"阿布加尔东方归来，助力阿列塔斯反抗分封王希律"。

② 参见第二章"阿布加尔东巡，立阿尔塔什斯为波斯国王，他使兄弟再念手足，我们启示者及其亲族都是其后裔"。

也能复活。听说这些奇闻，我敢肯定以下两点：您要么是天上救苦救难的神仙下凡人间，要么就是神派圣子来行这些善事。我此次写信请您不辞劳苦来解除我的痛楚。听说犹太人对您有怨言，还企图加以谋害。我有一座惬意的小城，但也足够你我二人安身了。

他们拿着信在耶路撒冷遇见了耶稣。福音上有言证明："有外邦人到耶稣那里；听见的人不敢告诉耶稣，只能告诉腓力和安得烈，他们便告诉耶稣。"（《约翰福音》12:20-22）但那时，我们的救主并没有接受阿布加尔的邀请，只是回信给他以示敬意。使徒多马应救主耶稣之命写给阿布加尔的回信：

虽然没有见到我本人，但信我的人必会得到保佑。因为经上有关我的记录说："那些见我的必不信我；没有见我的必信我而生。"现在你写信给我，叫我到你那里去，但我必须在这里成就所差遣的一切。当使命完成后，我就升天到差我来的上帝那里去。我升天后，会派一个门徒去治愈你的痛苦，并赐予你和你身边的人永生。

阿布加尔的使者亚南带回来这封信，还有救主生前的画像，这幅画像至今仍保存在埃德萨城。

使徒泰达乌斯在埃德萨讲道和五封书信的副本

我们的救主升天后，十二门徒之一使徒多马差遣七十门徒中的泰达乌斯，前往埃德萨城去医治阿布加尔，并按照上帝的指示传讲福音。他一抵达就住进了犹太王公托拜厄斯家中，据说他也是巴格拉提德家族的一员。他从阿沙姆那里逃出来，还没有和其他亲属一起放弃犹太信仰，在同一律法下继续生活，直到他最终皈依基督。泰达乌斯到来的消息传遍了全城。阿布加尔听说后言道："这就是耶稣信上所说的那个人。"于是立刻叫人把他叫来。泰达乌斯进去的时候，阿布加尔看见泰达乌斯脸上有异象，就从宝座上起身，倒地而拜。周围站着的群臣都十分惊奇，他们并没有见到这异象。阿布加尔对泰达乌斯说："你真的是圣主耶稣的门徒吗？他说过要派一个使徒到我这里来，你能医好我的病痛吗？"泰达乌斯回答说："你若信上帝之子基督耶稣，心有所求必得应允。"阿布加尔说："我信耶稣，也信天父。若不是罗马帝国的阻拦，我就亲率大军去杀掉把他钉死在十字架上的那些犹太人。"

泰达乌斯开始向阿布加尔和整个埃德萨城传福音。他把手按在阿布加尔身上治好了他的病痛，又治好了亚比丢的痛风。亚比丢是本城贵胄，王宫中的首辅大臣。他把城里所有患病的穷人都医好了。人们这回都开始相信了。阿布加尔本人和全城的人都接受了洗礼。他们把神庙圣殿的大门都关了，用芦苇遮住祭坛和柱上的神像。他并没有强迫任何人去信主，但信主的人却日渐增多。

使徒泰达乌斯给一个名叫阿岱的头饰丝绸工施洗，立他作埃德萨的主教，让他代替自己在那里陪王伴驾。他自己则从阿布加尔那里领了民众都应听取基督福音的旨意，亲自前往阿布加尔侄子萨纳特鲁克那里。亚美尼亚的国土和军队都在萨纳特鲁克的掌控之下。阿布加尔鼓起勇气给罗马皇帝提比略写了一封信，内容如下：

> 亚美尼亚国王阿布加尔，问候我主罗马皇帝提比略陛下。
>
> 我知道什么都瞒不过陛下，但贵为您的朋友，我特意致函告知一些实情。巴勒斯坦的犹太人聚众把基督钉死在十字架上，而他并没有犯什么错，恰恰相反，他在人间行了许多善事并多次再现奇迹，

甚至能够起死回生。要知道，这些神迹绝非人力所为，乃出于神。人们把他钉在十字架上时，天昏地动。三天后他自己复活了，在多人面前现身。他的门徒现在借着他的大名在各处显现神迹。我自己就是亲历的受益者。陛下一定知道怎样处理犯下这蠢事的犹太人，你应昭告天下使人们敬拜基督为真神。恭祝圣安。

提比略给阿布加尔的回信：

　　罗马帝国皇帝提比略问候亚美尼亚国王阿布加尔。

　　您的信函已拜读，请接受我的感谢之意。彼拉多将基督所行的神迹都向我详细报告过，他死后复活令许多人都认为他就是神，这事我们先前也听好多人说起过。我也愿遵照你所定计划行事。但罗马人有个传统习俗，在元老院提议和调查之前，只有皇帝下旨才能承认神的存在，所以我向元老院透露了此事。但是元老院拒绝予以承认，因为此事以前没有经过元老院的调查。我们下令凡耶稣所爱之人都应视其为神从而接受他。我们要让毁谤基督徒的人尝到死亡的滋味。

我听说基督既不该钉在十字架上，也不该受死，他只应受到尊敬和崇拜，至于那些擅自把他钉死在十字架上的犹太人，等我平定西班牙人的叛乱以后，我会调查此事，让他们得到应有的报应。

阿布加尔又写信给提比略：

亚美尼亚国王阿布加尔，问候我主罗马皇帝提比略陛下。

陛下的回信我已看过了，我对您深思熟虑的命令感到欣喜。请您恕罪并息怒，元老院的行为十分可笑。根据他们的说法，神性只有通过凡人的审视才能被授予。因此，如果上帝不令人喜悦，他就不可能成为上帝；据此推理，人们应宽恕上帝。我的主啊，你可以另派一人去耶路撒冷代替彼拉多，这样彼拉多就会从委任的高位黯然下台，毕竟他顺从了犹太人的意愿，未经您的恩准，不顾大义将基督钉死在十字架上。恭祝龙体圣安。

阿布加尔写完了这封信，并把该信的一副本放在档案中，他与其他人的通信也是如此。他还给巴比伦年轻的亚述王纳尔斯写信。

阿布加尔给纳尔斯的信：

> 亚美尼亚国王阿布加尔问候小主纳尔斯安。
>
> 我看了你的请安信，已经给卑路斯松了绑，并赦免了他的罪过。你若愿意，即可立他作尼尼微总督。你来信对我说："请把那个能行神迹的郎中给我叫来，他宣扬还有一个比水神和火神更厉害的大神，这样我就能见到本尊了。"他绝非只有俗技凡巧的普通郎中，一定是水火之神上帝之子的门徒。他命中注定被派往亚美尼亚。但他一个重要伙伴西蒙已经被派往波斯去了。如果去找他，你就能听他教诲，就像你的父亲阿尔塔什斯那样。他会治愈你所有的疾病，并指示给你永生的道路。

他又写信给波斯王阿尔塔什斯，内容如下：

> 亚美尼亚国王阿布加尔给皇兄波斯王阿尔塔什斯请安。

我知道您已听说犹太人把上帝之子耶稣基督钉死在十字架上这件事，他死后复活，差门徒在普天下到处传教。其中一个名叫西蒙的主要门徒，现就在你国境内。你去找到他，他必定会医好你一切病痛，并给你指示通往永生的大道。你和你的同胞，连同一切乐意臣服你的人都当信他的话。可喜的是，你我既是同宗同脉的血亲，也是心有灵犀的贵戚。

还没有等到回信，阿布加尔就去世了，他在位 38 年。

使徒殉道

阿布加尔死后，亚美尼亚王国被一分为二，他的儿子雅纳努统治埃德萨，而他的外甥萨纳特鲁克则统治亚美尼亚。那个时代所发生的一切大事其他人都已讲述过了。如：使徒泰达乌斯来到亚美尼亚，萨纳特鲁克皈依基督教，但因其惧怕亚美尼亚王公而又叛教，使徒泰达乌斯及其追随者在沙瓦珊省（即现在的阿尔塔兹省）①殉道，岩石开合收纳使徒的遗

_____

① 沙瓦珊和阿尔塔兹，亚美尼亚东南部一地区。

体，门徒搬移遗体并安葬在平原上，国王女儿桑杜赫特在路边殉道，两位圣人遗物给出启示及转移到"多岩地"①。上面所述的这些其他人之前都已讲过，我们没有必要再详述了。同样，使徒泰达乌斯的门徒阿岱在埃德萨被阿布加尔之子雅纳努处死这事之前也有人叙述过。

阿布加尔的儿子雅纳努继位后却没有继承其父的遗志美德，他打开立着雕像的神庙圣殿，坚持崇拜异教神。他派人去找阿岱，要他做一顶和他父亲曾经佩戴的一样的绣金皇冠。他得到的答复是："那个不拜人间上帝的基督，无所作为的国王，我是不会为他做王冠的。"于是雅纳努立刻下令士兵用剑砍下他的双脚。士兵来了，见阿岱坐在训导法座上，就拔出剑来砍掉他的双腿。他当场殒命。我们只是简要记录了这事，因为其他人之前也提到过。

使徒巴塞洛缪也来到亚美尼亚尝试自己的运气。他在阿雷巴努斯城殉道。至于选择去波斯闯荡的西蒙，我也不知道他到底做了什么，在哪里殉道。有人说，一个名叫西蒙的使徒是在维略坡殉道的。但具体是真是假，他为什么到那里，我不知道。我之所以这么说无非是想让你们知道，我尽心尽

---

① 多岩地，地名，在瓦拉尔沙帕特，此处建有一座纪念圣格雷戈里的教堂。

力所讲述的一切都是准确得体的。

萨纳特鲁克的统治，谋杀阿布加尔的子嗣以及女王海伦的故事

萨纳特鲁克登上王位后召集一支军队，在他的导师、英勇的巴格拉提德和阿茨鲁尼的指挥下，向阿布加尔的儿子宣战以便统治整个亚美尼亚王国。正当他忙于战事的时候，阿布加尔的儿子在教区谋杀了阿岱遭到了报应。他在埃德萨宫殿屋顶上立了一根大理石柱子，他自己站在下面发号施令指挥作业。但石柱从抬柱工人手中滑落砸在他身上，压碎两脚使他丢掉了性命。

城中居民立刻给萨纳特鲁克传信，要求达成一份协议，即只要不干涉他们的基督教信仰，他们就把整个城市和国王的财宝都献出来。他先是同意了，但后来又食言了。阿布加尔族内除女眷之外所有的孩子都被处决，女眷则被赶出城安置在哈什坦地区。他让阿布加尔的后宫皇后海伦住在他自己所在的城市哈兰，利用她曾从阿布加尔那里得到很多好处，作为回报，他把整个美索不达米亚王国的统治权交给海伦。

和丈夫阿布加尔一样有着坚定信仰的海伦不能忍受和敬

拜神像的人住在一起，就在克劳迪亚斯统治下亚迦布所预言的饥荒到来时去了耶路撒冷。她花光了在埃及所有的积蓄，买了许多小麦分给穷人，约瑟夫斯见证了这一切。直到今天，她那著名的陵墓还矗立在耶路撒冷的城门前。

尼西比斯城的重建和萨纳特鲁克的词源及其死亡

萨纳特鲁克除了建造尼西比斯城外，没有什么值得记录的事迹。因毁于地震，他重新修建了尼西比斯。新城规模更加宏伟，增加了双层城墙和外围工事。他在城的正中央立了一尊自己手拿硬币的雕像，以此表明为了建这座城市，他花光了所有的财富，只剩下这一枚硬币。

我们必须说明一下为什么他被叫作"萨纳特鲁克"。阿布加尔的妹妹阿维德冬天去亚美尼亚的路上在科尔杜克山区遭遇暴风雪。暴风雪把人群都吹散了，谁都看不见谁。只有奶妈萨诺塔带着这个婴儿，把他抱在怀里，在雪中待了三天三夜。萨诺塔是比乌拉特·巴格拉提德的妹妹，又是科斯伦·阿茨鲁尼的妻子。关于这件事，人们讲了一个寓言故事，大意是众神派一白色神兽去保护这个孩子。但据我们了解，事情原委是这样的：一条白狗被派去搜寻，结果发现了孩子和奶妈。于是这个孩子就被叫作"萨纳特鲁克",其名字来源于奶妈的名字,意为"赐给萨诺塔的礼物"。

萨纳特鲁克在波斯国王阿尔塔什斯十二年登基,在位30年后死于狩猎场,他的肠子被箭射穿,这仿佛是他折磨圣洁女儿所遭的报应。抄经者亚沙达的儿子拉布巴纳将阿布加尔和萨纳特鲁克年间所发生的事情都记录下来,存放在埃德萨档案馆。

埃鲁安德执政,萨纳特鲁克之子被杀害和阿尔塔什斯的逃亡

萨纳特鲁克国王去世后,亚美尼亚王国陷入一片混乱,因为在最后一个波斯王朝大流士八年,一名叫埃鲁安德的安息家族(阿尔沙克[①]家族)女子的儿子篡夺了王位。有关这位新王的传说如下:安息家族有个又肥又丑的女人,由于好色,没有男人愿意娶她为妻。后来,她与人私通,生下了两个孩子,犹如帕西法厄生下了人身牛头怪[②]。这两个孩子长大后,

① 阿尔沙克王朝,在我国古代称为"安息王朝"。

② 作者使用人身牛头怪的比喻来形容埃鲁安德出生的不寻常情况。就像人身牛头怪一样,埃鲁安德是在一个高贵家族的女人和一个不适合结婚的伴侣之间进行非法同房后出生的。这一隐喻暗示了埃鲁安德的出生是一件令人不齿、离经叛道的事。

被称为埃鲁安德和埃鲁阿兹。成年后，埃鲁安德不仅勇敢，而且体格健壮。萨纳特鲁克国王委任他掌管多项事务，他的声望与日俱增，终于在亚美尼亚众多领主中脱颖而出。他的谦逊慷慨，亦令人心生向往，吸引众人纷纷投靠。当萨纳特鲁克国王驾崩时，众人一致推举他继承了王位，甚至都没用巴格拉提德家族的人给他加冕。

然而，当埃鲁安德成为国王后，开始猜忌萨纳特鲁克的儿子们，于是将他们全部杀掉。这似乎是对阿布加尔的儿子们被杀所进行的报复。幸运的是，其中一个名为阿尔塔什斯的孩子，由他的保姆带到了赫尔①，并逃往马尔哈兹②镇的牧民家里。保姆把一切都告诉了孩子的人生导师斯姆巴特。斯姆巴特是生活在斯佩尔③省斯姆巴塔万村的比乌拉特·巴格拉提德的儿子。当斯姆巴特听说了萨纳特鲁克国王去世以及王子被杀害的噩耗，马上把他的两个女儿斯姆巴塔诺伊什和斯姆巴图里安置在贝伯德城，并留下勇士们看守城堡，自己则亲自带着妻子和其他几个人去找小阿尔塔什斯。当埃鲁安德国王得知此事后，第一时间就派出了侦察兵。于是，斯姆巴特

---

① 赫尔，巴尔斯卡海克的一个地区。

② 马尔哈兹，霍尔霍鲁尼家族的一个头衔，他们居住在凡湖的西北部。

③ 斯佩尔，位于乔罗赫河河畔，是巴格拉提德家族的故乡。

不得不乔装打扮，带着年幼的阿尔塔什斯，辗转于山区和平原之间，在一间间牧民的小屋中，把孩子慢慢抚养长大，最后寻得机会，逃到了波斯王大流士那里。由于斯姆巴特骁勇善战，波斯将领们久仰他的威名，对其十分敬重，而小阿尔塔什斯也深得王子们的宠爱，所以，斯姆巴特和阿尔塔什斯被封疆授地，获得了巴特和奥宗两省居住之地。

埃鲁安德试图抓住小阿尔塔什斯使他离开美索不达米亚

一想到米底①人对王国的敌视，埃鲁安德就心神不宁，彻夜难眠。他在清醒的时候，总是想着这个问题，甚至在睡觉的时候，也常常为这件事做噩梦。于是，他以信使和进贡为名，恳求波斯国王交出阿尔塔什斯，并说道："我的亲人，您为何要听信斯姆巴特这个强盗，供养阿尔塔什斯这个米底人来对抗我和我的祖国呢？那个声称阿尔塔什斯是萨纳特鲁克之子的强盗，竟然妄图将一个牧人的孩子改造成安息人，并让他跟您有血缘关系？事实上，他根本就不是萨纳特鲁克的亲生骨肉，可是斯姆巴特居然用这种欺骗伎俩，找了一名米

---

① 米底，又称"玛代"。

底人的后裔，这实在太荒谬了。"同样，他也几次三番给斯姆巴特传话，大意是："你何必让自己陷入如此毫无意义的境地呢？你受了保姆的蛊惑，收养了一名米底孩子，就是为了对付我。"但得到的回复却令他十分不悦，于是，埃鲁安德派人前往贝伯德城，将那里的守卫全部斩杀，唯独斯姆巴特的两个女儿毫发无损，只是将她们关押在了阿尼城。

由于埃鲁安德拥护罗马，将美索不达米亚割让给了他们，所以在维斯帕先和提图斯执政期间，平安无事。从那时起，亚美尼亚丧失了对美索不达米亚的控制，并且对罗马的进贡更加沉重了。罗马统治者高调地恢复了对埃德萨①的统治，并在那里设立了国库，用于收取来自亚美尼亚、美索不达米亚和亚述的赋税。他们收集了所有的档案，并设立了两所学校，一所是面向讲叙利亚语的当地居民开设的，另一所则面向讲希腊语的希腊人开设的。他们还将存放在本都西诺普的税收记录和寺院档案搬到了那里。

建造埃鲁安德城

埃鲁安德在位时，王宫从阿尔马维尔山迁居此地，因为

---

① 在提图斯或维斯帕先时代，埃德萨并没有被占领。直到公元194年才任命了一位罗马总督，公元214年，埃德萨被宣布为殖民地。

阿拉克斯河流向远方，每到漫长的寒冬时节，当小溪被刺骨的北风冻结时，就不再有足够的水供首都使用了。为了方便起见，同时又想找个更加坚固的地方，埃鲁安德把王宫移到了西面一座石山上。这座石山一面临着阿拉克斯河，另一面临着阿库林河①。他对山体进行了加固，并在城墙内的许多地方，把岩石挖掉一直到山脚处，与河水高度持平，直到河水流入管道，供人饮用。然后又筑起高墙，使中央城堡更加坚固，墙的中间设置了铜门，有铁台阶由下而上，通向大门。在台阶间，他设下陷阱，任何人试图潜入王宫刺杀国王，都会被一网打尽。据说，这是一个双台阶，一侧台阶供皇家侍从和白天出入的人使用，另一侧则是用于抓捕夜间行刺的刺客使用。

圣城巴加兰的建造

埃鲁安德建城之后，几乎把阿尔马维尔所有的东西都搬到了这里，只留下了神像。他认为把神像搬到首都来不是明智之举，因为一旦有人来这里进行祭祀，都城的安全将无法

---

① 阿库林河从北方注入阿拉克斯河。

得到保证。但是在阿库林河以北大约7400米处，他又修建了一座类似于自己都城的小镇，名为"巴加兰"，意为"祭坛之城"，并把阿尔马维尔所有的神像都迁往那里，还修建了一座神庙，任命他的兄弟埃鲁阿兹为大祭司。

"创世纪"森林

埃鲁安德还在河的北岸种了一大片冷杉林，并筑起了一道围墙，以便将敏捷的野山羊、鹿群、野驴和野猪等动物圈养在这里，让它们繁衍生息，以供国王外出打猎时取乐。他称这片森林为"创世纪"森林。

埃鲁安德克特镇

此外，我还非常愿意介绍一下美丽的埃鲁安德克特镇。同样，埃鲁安德用漂亮而有魅力的建筑将这座小镇装饰得美轮美奂。他将居民和华美的建筑点缀在大峡谷的中央，就像瞳孔一样闪烁着光芒。在生活区的周围，是一片花香四溢的园林，犹如眼圈环绕着瞳孔。许多葡萄园宛如新月般的浓密睫毛，尤其是北边，弯弯曲曲的形状更像是一位迷人少女的弧形眉毛。南边平坦的平原使人想起美丽的光滑的面颊。那高高的堤岸，好似一张双唇相吻合的嘴。可以说，这里是一处风景绝佳之地，堪比皇家府邸，一个真正肥沃而宏伟的庄园。

埃鲁安德王朝的提里达特大帝将所有这些建筑都赐给了卡姆萨拉坎（属于卡伦家族），因为他们是安息家族忠实的盟友，也是他们的亲戚。这一点我们将在适当的地方加以说明[①]。

但据说，埃鲁安德通过魔法拥有一双邪恶的眼睛。于是，每天清晨，侍奉他的宫廷侍者都会习惯性地将一块坚硬的石头放在埃鲁安德的面前。人们说，那坚硬的石头，就是供他用恶毒眼神来裂开的。但是，这要么是虚张声势，就是一个寓言，要么是他真的具有某种恶魔般的力量，能用眼神去伤人。

斯姆巴特是如何从波斯王子那里获得帮助，又如何把阿尔塔什斯推上王位的

年幼的阿尔塔什斯长大成人后，由于其导师斯姆巴特表现出的种种英勇事迹，而深受雅利安王子们的喜爱，他们请求国王，无论他想要什么，都可以给他。国王答应了，并对

---

① 参见第二章"从尼西亚归来的阿里斯塔克斯和皈依基督教的亲属，以及在加尼的建筑"。

王子们说："看看这位勇士想要什么。"他们说："陛下，斯姆巴特无非是希望确立和您有亲属关系，他想让萨纳特鲁克之子，也就是被放逐的阿尔塔什斯复辟。"万王之王同意将一部分亚述军队和阿塞拜疆军队赐予斯姆巴特，以便帮助阿尔塔什斯重登其父萨纳特鲁克的王位。

埃鲁安德听到阿尔塔什斯到来，召集军队准备迎战

消息传到了正在乌蒂省①的埃鲁安德，说是波斯国王集结了一支大军，由斯姆巴特率领向他进军，要把小阿尔塔什斯带回自己的王国。埃鲁安德听闻此消息，当即留下大批部下驻守此地，自己则火速赶回自己的城邦，通过各种恳求和贿赂，把亚美尼亚、格鲁吉亚、凯撒利亚和美索不达米亚地区的军队拉拢在自己麾下。由于当时正值春天，各路人马很快就集结完毕，其中就有穆拉特斯家族亲王阿尔甘率领的一支步兵团，他是阿兹达哈克的后裔。埃鲁安德把提格兰从阿尔甘手中夺去并赐予自己妹夫米尔达特的二等贵族身份重新授予阿尔甘。但米尔达特死后，这个头衔就再也没有传给过任

_____

① 乌蒂，介于塞凡湖和库拉河之间的一个省份。

何人，直到埃鲁安德把这个二等贵族身份归还给阿尔甘。埃鲁安德不仅把头衔交还给阿尔甘，而且还向所有的亲王赠送礼物和荣誉，向所有的军队给予慷慨的馈赠。

阿尔塔什斯踏上自己的土地时，他的事业取得了怎样的成功

此时，斯姆巴特和小阿尔塔什斯已经抵达了乌蒂省边境。埃鲁安德留下驻守乌蒂的亲王和士兵们出城迎战。听到这一消息后，其他亚美尼亚亲王都丧失了斗志，决定放弃埃鲁安德。与此同时，他们也注意到，罗马大军并未赶来增援。但埃鲁安德毫不吝啬，给了他们更加丰厚的赏赐，每一位贵族都分到了自己的那一份。可是，对方越是这样，他们就越讨厌。他们心知肚明，对方出手如此阔绰，并非真正的豪爽，只是忌惮而已。与其说他和那些给得多的人交朋友，倒不如说他和那些给得少的人结了仇。

埃鲁安德抗击阿尔塔什斯之战：逃亡、御城失守与殒命

这时，斯姆巴特和小阿尔塔什斯来到了阿拉加茨山后的

格拉姆湖旁。但他们并没有把阿尔甘看成是埃鲁安德的主力部队，只留下一小队人马将他看守起来，毕竟他是一位勇猛的战士，手里还握着许多长矛骑兵。然后匆匆赶往埃鲁安德的营地。埃鲁安德的营地驻扎在阿库林河畔，距离都城以北约300斯塔迪亚①远。埃鲁安德一听到这个消息，立刻调集大军，在自己的大本营附近布防。但阿尔塔什斯却给阿尔甘送去了一封信，信上许诺：只要他肯放弃埃鲁安德，不但将保留从埃鲁安德获得的赏赐，还会得到双倍的奖赏。

当阿尔塔什斯率军攻打埃鲁安德时，阿尔甘命令他的军队退到一旁，为阿尔塔什斯的军队让路。斯姆巴特下令吹响了军号，他的军队如雄鹰般扑向鸡群。亚美尼亚王的左翼和右翼军队都加入了斯姆巴特的阵营。格鲁吉亚士兵及其国王法拉斯曼，虽然在进攻时表现得信心十足，但很快就调转马头，朝相反的方向撤退了。接下来，在埃鲁安德军团和美索不达米亚军团之间，发生了一场让人毛骨悚然的杀戮。在战斗期间，阿尔塔什斯遭到了一群托瑞斯战士的攻击，他们和埃鲁安德签订了一项协议，准备以自己的生命为代价杀死阿尔塔什斯。不过，阿尔塔什斯保姆的儿子吉萨克将这些战士斩尽杀绝，最终，他

① 斯塔迪亚，古代罗马的长度单位，一英里约等于 7 个斯塔迪亚。

获得了胜利，不过，他的半张脸也被敌人用剑削掉了，在战斗中陨落。埃鲁安德的残余军队四散奔逃。

埃鲁安德策马穿过一座座驿站，一路上不停地更换着新的坐骑，就这样一路狂奔，终于抵达了王都。英雄斯姆巴特乘着夜色，紧追不舍，一路追到城门。米底人的部队冲破了埃鲁安德的防线，占领了阵地，然后在尸横遍野的战场上扎下了营。阿尔塔什斯径直走进埃鲁安德所在的那顶帐篷，帐篷的四壁上挂满了兽皮与麻布，这就是他今晚的落脚点。直到黎明时分，他才下令让手下人将营地周围的尸体全部掩埋掉，并给这片土地起了个名字——米底人的草原，这片战场被称为埃鲁安德万，意思是"战胜了埃鲁安德"，时至今日，这个称呼仍在。随后，阿尔塔什斯率领大军，直奔埃鲁安德王都，并在正午之前赶到了这里。他下令士兵高呼"玛拉玛特"，意为"米底人到了"，以提醒埃鲁安德，因为埃鲁安德以前派使节去面见波斯王和斯姆巴特时，就用过"玛代人"这个称呼来羞辱阿尔塔什斯。也正是因为这个原因，这座城市才有了"玛米特"之称，因为阿尔塔什斯想要抹掉埃鲁安德这个名字，所以才有了该城名字的由来。

在阿尔塔什斯安营扎寨之时，斯姆巴特却带了一小队人马，趁着夜色，一路追击埃鲁安德到王都，并一直守在那里，直至阿尔塔什斯的大军赶到。当勇士们向王都城堡发起进攻时，守城的士兵主动投降，并将城门大开。然而，一位战士冲进城后，却突然抄起一把长剑，一剑斩下了埃鲁安德的头颅，抛在地上。在位20年，埃鲁安德就这样一命呜呼在了这把剑下。不过，阿尔塔什斯记得，埃鲁安德体内也流淌着安息人的血，便下令将其下葬，并竖起一根陵墓柱。

阿尔塔什斯的统治与报恩

埃鲁安德去世后，为了寻找王室的宝藏，斯姆巴特来到了都城。不久，他找到了萨纳特鲁克国王的王冠，并在波斯大流士29年，将这顶王冠戴在阿尔塔什斯的头上，拥立他为全亚美尼亚的国王①。阿尔塔什斯登上王位后，向米底人和波斯人的军队赠送礼物，然后将他们遣送回国。他还兑现承诺，赐予阿尔甘二等贵族头衔，并赐给他一顶镶嵌着蓝宝石的王冠、一对耳环，还赐给了他一只脚穿着红拖鞋的权利，以及他使用金汤匙、金叉子以及用金酒杯喝酒的权利。除了那一副耳环和红拖鞋外，他把所有的功劳都归功于他的导师

---

① 阿尔塔什斯在位41年，详见第二章"阿尔塔什斯之死"。

斯姆巴特。除了拥有加冕官权位和宗族首领职位以及掌控西部军队的世袭特权之外，阿尔塔什斯还赋予斯姆巴特统帅亚美尼亚全军，掌管全国总督和所有王室家族的权利。而他的保姆之子吉萨克的儿子——纳尔西斯，因其父亲的英雄事迹，被授予了爵位，封号"迪玛克西"。正如前面说过的，他的父亲为了救阿尔塔什斯，他的半边脸都被敌人用剑削掉了。

据说，当时他还册封了托伊尔的15个儿子为王，并以其父亲的名字封号为"特鲁尼"，这并非由于他们有什么英勇事迹，而是由于他们的父亲曾在宫廷里向斯姆巴特通风报信。由于其父和埃鲁安德走得很近，所以被阿尔塔什斯处死。

杀害埃鲁阿兹，再建巴加兰，向罗马纳贡的阿尔塔什斯

此后，阿尔塔什斯命令斯姆巴特前往巴加兰——阿库林河附近埃鲁安德的首府，去杀埃鲁阿兹——埃鲁安德的亲弟弟。斯姆巴特抓住了埃鲁阿兹，下令用磨盘套住他的脖子，然后将他抛入河中的涡流中。替他掌管祭坛的是阿尔塔什斯的一位朋友。阿尔塔什斯曾拜在一位解梦术士的门下，所以大家都叫他"莫格帕什特"。接着，他将埃鲁阿兹的财产洗劫一空，并将这座神殿里最值钱的东西，连同500名奴隶一起

送到阿尔塔什斯面前。阿尔塔什斯将埃鲁阿兹的奴隶赐给了斯姆巴特，但下令将这些财宝献给波斯国王大流士，并从自己的财宝中增加了一些作为礼物，以示对一个父亲般的支持者的感激之情。

随后，斯姆巴特将埃鲁阿兹的奴隶从巴加兰带到马西斯的后方，并用巴加兰同样的名字称呼该城。他亲自带礼物到波斯，准备把它送给大流士，但对罗马帝国不屑一顾，根本没把罗马帝国放在眼里。然而，当斯姆巴特前往波斯时，亚美尼亚边界上出现了一批罗马帝国的税官，并有一支庞大的部队。阿尔塔什斯只好恳求他们，并付给他们双倍的贡品。这一点，阿尼教区的牧师兼庙史的撰写者奥林匹亚斯对我们讲得一清二楚，正如下面将要叙述的很多事情，波斯的典籍、亚美尼亚的史诗都可以证明这一点。

修建阿尔塔什斯城

最后的阿尔塔什斯王朝的许多事情，大都是《戈尔登》这部书里的传说向您揭示的：修建城市，与阿兰人结盟，并诞生了他们的后代。萨特尼克对维萨普人的后裔，表现出一种寓言般的憎恨，那是对拥有马西斯山脚下全部土地的阿兹达哈克的后裔的一种憎恨^①。向他们开战，驱逐他们，杀死他们，烧毁他们的家园。^② 阿尔塔什斯的儿子们相互嫉妒，他们的妻子们相互挑衅^③。这一切，就像我们说过的那样，都在说书人的歌里向你揭示出来。但是，我们还是会简单回顾一下这些故事，并说明这个寓言的真实意义。

阿尔塔什斯来到阿拉克斯河与大沼泽地梅茨马尔的交界处。他非常喜欢这里的一座小山，于是就在这里建立了一座城市，并以自己的名字取名"阿尔塔什斯城"。阿拉克斯河两岸为其提供了松木来源，所以这座城市很快就建成了，而且是毫不费力的。他在那里建了一座庙宇，并将阿耳忒弥斯的神像以及所有祖先的偶像从巴加兰转移到这里。但是，他却把阿波罗的塑像安放在城外的大路旁。他把从阿尔马维尔转到埃鲁安德都城的犹太俘虏安置在阿尔塔什斯城。同时，从阿尔马维尔过来的囚犯也把埃鲁安德王都的荣光以及阿尔塔什斯在那里建立的一切也带到了阿尔塔什斯城。他将这座城池装饰得金碧辉煌，将其打造成王室的都城。

---

① 参见第一章"提格拉努希奉命出使提格兰纳克特，阿兹达哈克发妻阿诺伊什以及战俘的安置"。

② 参见第二章"对阿尔甘父子的谋杀"。

③ 参见第二章"凯斯宾人的土地遭蹂躏，阿尔塔什斯的后裔与斯姆巴特发生争执，以及彼此之间内部纷争"。

阿兰人的入侵与失败，阿尔塔什斯与其联盟

　　那时，阿兰人与所有的山区民族联合起来，将格鲁吉亚的半壁江山纳入他们的阵营，并在亚美尼亚领土上广泛分布。阿尔塔什斯也集结了大量军队，两个箭术高超、勇猛无畏的民族之间展开了一场大战。阿兰人退让出一小块土地，跨过库拉河，在河的北岸安营扎寨。阿尔塔什斯上来后在河的南岸扎下了营寨，河水将他们分开。

　　但是，亚美尼亚人生擒了阿兰王之子，并将其押送给阿尔塔什斯，阿兰王向阿尔塔什斯求和，并表示将给予他一切。他承诺签订一份协议，保证阿兰族年轻人不会抢劫或袭击亚美尼亚。阿尔塔什斯拒绝将阿兰王的儿子交还给他，于是，王子的妹妹来到河边的一座小山上，通过翻译对阿尔塔什斯的营帐大声喊道："勇敢的阿尔塔什斯，请听我说，你已经征服了阿兰的勇士。请您应允阿兰公主的请求，把我的哥哥王子殿下放了吧。因为，一位英雄不应该为了报仇杀死另一位英雄的后代，也不应该奴役他们，让两个英勇的民族永远仇恨下去。"

　　阿尔塔什斯听到这番充满睿智的话语，便来到河边，看

见这位美丽的姑娘，就爱上了她。于是，他召见了自己的导师斯姆巴特，表露了自己的心愿——娶阿兰公主为妻，并与这个英勇的国度缔结盟约，把阿兰王子放出来，换取和平。斯姆巴特听了这话非常高兴，于是他向阿兰王转达口信，请求他把萨特尼克公主许配给阿尔塔什斯。阿兰王开口道："那么，勇猛无双的阿尔塔什斯，如何用千千万万的财富来换取出身高贵的阿兰公主呢？"

说书先生是这样讲的：

尊贵的阿尔塔什斯国王骑着一匹神骏的黑马

手持一条镶有金环的红色皮带

像一只展翅过河的雄鹰，抛下金环红腰带

他将这条腰带系在阿兰公主的腰间，致使这位

柔弱少女的腰部感到疼痛

他很快把她带回自己的营地。

事实是这样的：由于红色皮革在阿兰人心中非常珍贵，所以他以大把的紫胶和金子作为聘礼，来娶少女萨特尼克，这也就是那条带着金环的红腰带的来历。还有一些关于阿尔塔什斯迎娶萨特尼克的传说是这样的：

一阵金子雨在阿尔塔什斯的婚礼上落下；

在萨特尼克的婚礼上雨点般地落下珍珠。

因为我们的国王都有一种习惯，那就是在结婚时，走到宫殿门口，像罗马执政官那样扔撒金币。王后们也在新房里撒下珍珠。这就是事实的真相。

她是阿尔塔什斯的第一任妻子，给他生了阿尔塔瓦斯德，还有其他一些子女，这些子女的名字，我们现在还没有必要一一列举出来，但以后无论她们做了什么，我们都会一一罗列。

对阿尔甘父子的谋杀

阿尔塔什斯之子阿尔塔瓦斯德长大后，成了一位既自负又自豪的英雄人物。他对老阿尔甘怀恨在心，诽谤他想要一统天下，并以此为借口，怂恿他的父亲与他发生冲突。这样，他就夺去了老阿尔甘的功劳，获得了二等贵族的地位。此后，阿尔塔什斯参加了阿尔甘举办的一次宴会。国王阿尔塔什斯的儿子挑起事端，借口怀疑有人对国王图谋不轨，在餐桌上扯掉了阿尔甘的一头白发。在一片混乱之中，阿尔塔什斯国王跑回阿尔塔什斯城，其子马赞在接到他的命令后率领一队人马对阿尔甘这个穆拉特斯家族的人大开杀戒，将阿尔甘的王宫付之一炬，然后把他的小妾曼杜交给了阿尔塔什斯。曼杜相貌美丽，风姿绰约，她又成了阿尔塔什斯的小妾。两年后，国王进一步削弱阿尔甘的势力，下令让他交出所有的财富，只许留下自己的小妾。

但阿尔塔瓦斯德并不满足于剥夺这些人的"二等"地位，还将纳克沙万和阿拉克斯以南的所有村落①也纳入囊中，并将这些村落的王宫和要塞据为己有。阿尔甘的儿子们再也不能容忍这一切，于是与他开战。但最终，国王之子取得了胜利，他将阿尔甘的后代和他们的父辈以及穆拉特斯家族的所有显要人物全部杀死，还将他们的村庄和所有的土地没收归己。他们中没有一个人幸存下来，只有几个微不足道的小人物逃到了阿尔塔什斯那里，躲进了王宫。这个叫做阿尔甘的人，就是传奇人物阿加旺，也正是由于这个原因，才导致了他与阿尔塔瓦斯德之间的交战。

---

① 这些是给予阿兹达哈克妻子后裔的土地，参见第一章"提格拉努希奉命出使提格兰纳克特，阿兹达哈克发妻阿诺伊什以及战俘的安置"。

❖ 亚美尼亚史

斯姆巴特的为人与他在阿兰人中的事迹以及阿尔塔兹城的形成

我很愿意给大家讲讲英雄斯姆巴特的故事，因为关于这个传奇故事的大部分内容都是真实的。他身材魁梧，气宇轩昂，体格与英气相得益彰；他追求高尚的精神境界，并以一头秀发而闻名于世。在他的眼睛里有一道极小的血痕，犹如一块珐琅，镶嵌在黄金和珍珠之上，闪烁着璀璨的光芒。他做事一丝不苟，滴水不漏，除了处事灵活，身手敏捷外，他的战功远超其他人。由于战功卓著，被阿尔塔什斯派到阿兰的领地去协助萨特尼克的兄长。因为自从萨特尼克的父亲死后，阿兰人的新任国王成了一位暴君，他把萨特尼克的兄长流放了。不过，斯姆巴特将暴君赶走了，让萨特尼克重归阿兰，重新成为阿兰的领主，并将全部战俘押往阿尔塔什斯城。阿尔塔什斯命令他把俘虏押送到马西斯的东南方，也就是沙瓦什省，那里现在仍被称为"阿尔塔兹"，因为那里的囚犯都是从"阿尔塔兹"来的。

凯斯宾人的土地遭蹂躏，阿尔塔什斯的后裔与斯姆巴特发生争执，以及彼此之间内部纷争

波斯末代国王阿尔沙克死后，阿尔塔什斯继承了他的王位。帕提扎哈尔省的居民，也就是基尔曼特山区的居民，都不愿听从他的号令，即使是沿海地区的居民，也是如此。同样，凯斯宾王国也因此而背弃了阿尔塔什斯国王。于是，阿尔塔什斯派斯姆巴特率领亚美尼亚全军，对他们发动了攻击，阿尔塔什斯则在那里陪同了7天。斯姆巴特出兵打败了他们，并把凯斯宾人的领土变成了一片废墟。他给亚美尼亚送来的俘虏，比给阿尔塔兹送来的俘虏要多得多，其中就有他们的国王扎德马诺斯。为此，阿尔塔什斯不仅把戈尔登村和奥特温泉两处王室封地赏赐给了斯姆巴特，还将所有战利品都留给了他。出于妒忌，阿尔塔瓦斯德打算杀了斯姆巴特。当他的阴谋败露后，他的父亲对此感到非常不安。但斯姆巴特却选择了离开，前往亚述，主动交出亚美尼亚军队的指挥权——这是阿尔塔瓦斯德嫉妒的原因。他奉阿尔塔什斯之命，留在特莫里克，现为科德里克，并将大批战俘送到阿

尔基①。到了晚年，他娶了一个附近的亚述人为妻，因为对她的深爱，所以就在这个地方安家落户了。

斯姆巴特离开后，阿尔塔瓦斯德从他父亲那里得到了他雄心勃勃的目标——统率全军。但是，由于他的几个哥哥受到了各自夫人的鼓动，对他产生了妒忌之心，于是，阿尔塔什斯就立聪明博学的弗罗伊为哈扎拉佩，并将王室的一切事务交给他打理。他又在阿尼任命马赞为阿拉马兹德神的大祭司。阿尔塔什斯还将军队的指挥权一分为四：他让阿尔塔瓦斯德指挥东部军队，提兰指挥西部军队，他将南部交给斯姆巴特，北部交给撒勒②。撒勒是个爱吹牛的人，擅长猎杀野兽，但在打仗时却表现出无能和粗心。格鲁吉亚国王卡尔扎姆得知此事后，便鼓动当地人民造反，并将撒勒囚禁在高加索。阿尔塔瓦斯德、提兰与斯姆巴特联手向他开战，把他们的兄弟从大"泥潭"中解救出来。

---

① 特莫里克、科德里克和阿尔基位于亚美尼亚南部、底格里斯河东部。

② 关于四名将军，请参考第二章"提里达特在阿尔巴尼亚战争中的英勇，他将巴西尔国王砍成两半"和第三章"安条克的到来及其行动"，这反映了边境上的四个大祭司，具体请参阅第二章"王国二号地位给了米底王阿兹达哈克的后裔"。

与多米蒂安军队在巴瑟安开战

当西方发生骚乱时，阿尔塔什斯因此而鼓起了对抗罗马帝国的胆量，拒绝向其进贡。然而，恼羞成怒的多米蒂安国王却派出一支军队与阿尔塔什斯作战。这支军队到达凯撒利亚地区后，便横扫提兰和西线部队，将他们打得节节败退，并很快将其逼进巴瑟安 ① 的一个广阔峡谷。阿尔塔瓦斯德率领东线和北线的部队，由王子随行，匆忙前来迎战。他们陷入了苦战，处境十分艰难。在战争的最后，斯姆巴特率领南军到达了前线，拯救了王子，并取得了最后胜利，结束了战事。尽管他年事已高，却仍然像一个年轻的战士那样组织并指挥着他的部队，追击罗马军队，将他们赶回到凯撒利亚边境。

如果有人要描述这次战斗，便会说："多米蒂安来了！""这就是多米蒂安陛下！"其实，他本人并不在这儿，而是用寓言的方式以多米蒂安的名字指称他的命令和军队。

但幸运之神眷顾着阿尔塔什斯：此时，多米蒂安已经在罗马去世了，而他去世之后，涅尔瓦继位还不到一年 ②。受此

---

① 巴瑟安，位于阿拉克斯河上游的一个地区。

② 涅尔瓦于公元 96 年 9 月至公元 98 年 1 月期间在位。

鼓舞，亚美尼亚和波斯部队继续向希腊发起进攻。埃及人和巴勒斯坦人见状，也开始拒绝向罗马人进贡。

关于图拉真的所作所为以及马赞的兄弟们对马赞的谋杀

那时，图拉真成为罗马皇帝，平定了东方之后，开始攻打埃及和巴勒斯坦。征服他们后，又继续向东进军，攻打波斯。阿尔塔什斯赶忙带着精美的礼品去见他，还带来了过去几年欠下的贡品，以补偿他所欠下的进贡。在得到图拉真的赦免后，他回到了亚美尼亚。图拉真继续前往波斯，在如愿以偿之后，从叙利亚返回。

马赞跑到图拉真跟前，出卖了自己的兄弟。他说："陛下，您应该知道，如果您不驱逐阿尔塔瓦斯德和提兰，不把亚美尼亚军队交给撒勒，他们是不会不战而降臣于您的。"马赞这样说，是由于他对斯姆巴特这个养育了他的人心底里充满了仇恨。① 同时，他也想除掉提兰，这样他就可以立刻成为一个大祭司，成为东部地区的统帅了。可是图拉真却对他视

① 马赞想报复对自己非常好的斯姆巴特，因为阿尔塔瓦斯德对他做了不公之事，参见第二章"凯斯宾人的土地遭蹂躏，阿尔塔什斯的后裔与斯姆巴特发生争执，以及彼此之间内部纷争"。

而不见，带着不悦的神色让他离开。阿尔塔瓦斯德与提兰得知了这一消息，便在追踪过程中埋伏并杀害了马赞，然后作为大祭司将他安葬在了"圣坛之城"。自那时起，阿尔塔什斯就不断地朝拜图拉真，后来又朝拜哈德良大帝。

阿尔塔什斯是如何增加国家人口和划分行政区界的

经过这么一番崇高而又睿智的举动之后，阿尔塔什斯又下令区划乡村与庄园之间的界限。由于他向亚美尼亚引进了大量外来移民，让他们在山区、河谷和平原上定居下来，使亚美尼亚的人口日益增加。然后按照以下的方法立界碑：先将石头凿成四方形，中间掏空，像个圆盘，然后把它埋入土里，再在上面竖起方尖碑，让它稍稍凸出地表。对此，萨珊之子阿尔达希尔十分忌妒，便下令整个波斯效仿并以自己的姓名命名，以使阿尔塔什斯之名不再为世人所知。

但据说，由于国家非常富裕，在阿尔塔什斯时代，亚美尼亚几乎没有一片土地是未经耕种的，不管是在山区还是平原。

阿马图尼公国

在阿尔塔什斯所处的时代，人们相信阿马图尼家族是从雅利安人领地的东边来的。不过，他们的血统是犹太人，是马努的后裔。马努的儿子身材魁梧，力气很大，他给自己的儿子起名叫"参孙"，这是犹太人随祖先的名字给自己的子女起的一个名字，是犹太人的习惯，表示对子女的期望。不过，阿马图尼家族的人的确是这样，举止优雅，身强力壮，样样都很出色，的确称得上名不虚传。他们是由帕提亚王朝的第一任国王阿尔沙克带来的，并在哈马丹地区的雅利安大地上获得了光荣的地位。我不清楚他们为什么会出现在这儿。但是，阿尔塔什斯授予村庄和土地给他们，而且，他们被称作阿马图尼，是外来人口。有些波斯人称他们为"马努人"，与他们的祖先同名。

阿拉维扬家族及起源

在阿尔塔什斯时代，阿兰人中与萨特尼克有血缘关系的阿拉维扬随她来到此地，成为女王的亲戚，并在亚美尼亚成家，建立了公国。在提里达特的父亲库思老在世的时候，他们通过与一名来到亚美尼亚巴西尔家族领地的战士通婚，库思老成为了他们的亲戚。

阿尔塔什斯时代的艺术知识

由于阿尔塔什斯时代的传奇故事实在是太多了，所以我们将其分成了若干章节，以免读者觉得枯燥乏味。最后一章旨在记载阿尔塔什斯时代的其他内容。虽然在前几章中，我们已经提到瓦拉尔沙克以及其他一些先王所建立起来的社会制度及习俗，但是这些人对先进的科技和文化视而不见，因而遭到强盗和侵略者的入侵。所以，他们要么不喜欢，要么不善于学习科学，我指的是周而复始、月而复始、年而复始的循环。这一点，各国都是这么说的，但没人理解。亚美尼亚人不能在湖泊或河流上乘船，也不能在水上使用渔具；甚至没有耕作，只是在零星的地方进行。在北方，他们以腐肉为生。但到了阿尔塔什斯时代，一切都变了。

阿尔塔什斯之死

佩拉的阿里斯通对阿尔塔什斯之死作了精彩的描述。那时，犹太人正在一位叫巴尔·克欧巴（意为"星之子"）的强盗率领下，对罗马皇帝哈德良发动了一场起义，并与总督鲁弗斯展开了一场战争。克欧巴是个恶棍，也是个杀人犯，但是他凭借自己的名号，大肆吹嘘自己是来自天国，是把人们从受苦受难中解救出来的救星。他发起了一场非常猛烈的战争，以至于叙利亚、美索不达米亚和波斯都拒绝向罗马缴纳贡品。另有传言说，哈德良患了麻风病。不过，阿尔塔什斯并未表现出任何背叛的迹象。

那时，哈德良已经抵达巴勒斯坦，在围攻耶路撒冷附近的一座小城时一举歼灭了叛军。于是，他下令全国所有的犹太人离开他们的家园，让他们即使在很远的地方也看不到耶路撒冷。他重建耶路撒冷，这座城市曾被维斯帕先、提图斯以及他本人所毁，现在他以自己的名字称其为"以利亚"，就像哈德良被称为"太阳"一样。他把异教徒和基督徒都安置在那里，由一位名叫马可的主教管理。当时，他向亚述派遣了一支庞大的军队，并命令阿尔塔什斯与自己的统帅向波斯进发。其中一位书记官告诉我们说，他是在米底一个叫索洪德[1]的地方遇见阿尔塔什斯的。

---

[1] 索洪德，位于乌尔米亚湖东部的一座山脉。

阿尔塔什斯在巴库拉克特城的马兰[1]病倒了。有一位叫阿贝洛伊的人，是阿贝洛尼家族的族长，此人为人活跃，喜欢阿谀奉承、虚情假意。应阿尔塔什斯的请求，他派人前往位于埃克雷茨的埃雷兹，去阿耳忒弥斯神庙膜拜神像，向神灵祈祷，祈求阿尔塔什斯病愈和长生。在阿尔塔什斯弥留之际，阿贝洛伊却失踪了。在阿尔塔什斯去世之后，他写道："阿尔塔什斯逝世后，有多少人也跟着逝去了！他的爱妻，他的妃嫔，他的忠仆！他们以一种怎样的文明而非野蛮的方式来纪念已逝之人啊！"他还写道，他的灵柩是用黄金做成的，棺架和担架是丝绸的，身上的袍子也是用金线穿成的，头上戴的王冠和前面的金色手臂也是用黄金制成的。在灵柩周围是他的儿子及其一帮亲属，紧挨着他们的是军队——王室的首领和士兵，而士兵们都全副武装，仿佛要奔赴战场。他们在前头吹响了黄铜号角，身后跟着身着黑衣的少女和悲痛欲绝的妇人，再往后则是一大群人。就这样，他们把阿尔塔什斯埋葬了。如上所述，坟墓周围是心甘情愿的赴死。这位深受亚美尼亚国民爱戴的君主，在位 41 年。

---

① 马兰，亚美尼亚—波斯边界上的一个小镇。

阿尔塔瓦斯德的统治，兄弟姐妹被驱逐以及他的死亡和寓言

阿尔塔什斯死后，其子阿尔塔瓦斯德继位。他将自己的所有兄弟都赶出了阿拉拉特，流放到阿利奥维特和阿尔伯兰省，让他们再也不能在阿拉拉特的王权范围内生存下去。[①]由于没有子嗣，他将提兰视为自己的继承人。登基数日后，他在前往阿尔塔什斯城的桥上，发现有一头野驴，于是就在"将军泉"旁打猎。忽然间，他感觉到了一股强烈的晕眩，来不及多想，立刻调转马头，结果掉入一个深不见底的大坑中，消失得无影无踪。

以下是《戈尔登》的说书先生讲述的关于他的故事。阿尔塔什斯死后，许多人依照异教习俗被处死。据说，阿尔塔瓦斯德非常生气，埋怨已逝的父亲说：

> 你既然去了，还带走了全部的土地，
>
> 我治理这片废墟，还有什么意义？

---

① 参见第二章"阿尔塔瓦斯德的统治及其对罗马的战争"。

于是阿尔塔什斯咒诅他说：

如果你前往崇高的马西斯山 [①] 去狩猎，

众精灵将捉住你，将你送到崇高的马西斯；

你将永远待在那儿，永不见天日。

《戈尔登》还描述了他被铁链锁在一个洞穴中，两只狗不断地撕咬着铁链。他真想冲出去，把这个王国毁掉，可是一听见铁匠的锤击声，他身上的锁链就越勒越紧。所以，即使现在，仍有很多铁匠，依照这个传说，每周的头一天，都要敲打三四下铁砧，使阿尔塔瓦斯德的枷锁更加坚固，这是传说中讲的。但是事实也是这样。

但也有人认为，他一出生就被厄运缠身。人们认为，阿兹达哈克后裔的妻子们对他施了魔法，所以阿尔塔什斯才给他们带来这么大的伤害。《戈尔登》中，有这么一段描写：

龙族的儿子偷走了小阿尔塔瓦斯德

用恶魔来代替他

[①] 马西斯山在亚美尼亚文化中象征着力量、古老和荣耀，是亚美尼亚历史和文化的象征。

但我认为这种说法更有可信度，因为他从生到死，一直就像一个精神错乱的人。他去世后，由其兄长提兰继位。

提兰轶事

阿尔塔什斯之子提兰在波斯王卑路斯一世的第二年成为亚美尼亚国王。除了效忠于罗马之外，他并无其他丰功伟绩。正如人们所说，他一直过着宁静的生活，成天打猎，寻欢作乐。他胯下的那两匹马，比起帕伽索斯天马来，速度之快简直就是有过之而无不及，简直让人觉得这两匹骏马压根就没有着地，而是在半空中飞行。当布兹努尼克亲王达塔克请求准许骑乘一下这两匹马时，他夸口说自己是超富的国王。

住在哈什坦的古老安息家族中，有几个人来找提兰，向他表示："让我们再多些遗产吧，我们的后代太多了，而我们的遗产却太少了。"提兰下令将其中一部分人派往阿利奥维特和阿尔伯兰省。但他们却对国王提出了更多的异议："对于我们而言，在这的遗产更少了。"提兰对此置之不理，坚持自己的决定，不再给他们其他任何东西，而是要把他们所有的财产平分。然而，在根据人口数量来划分财产时，人们发现，哈什坦的居民并不具备继承资格。所以很多人都去了阿利奥维特以及阿尔伯兰省。

据说，在提兰在世的时候，安扎瓦茨家族里有个叫埃拉克纳武的年轻人，无论哪一方面都是出类拔萃的。他娶了阿尔塔瓦斯德的最后一任妻子，她是阿尔塔瓦斯德从希腊带来的。由于阿尔塔瓦斯德膝下无子，提兰国王便把阿尔塔瓦斯德的所有家产都留给了埃拉克纳武，原因是他本人十分出色，为人谦和，即使是情欲，也能克制。由于国王对他的喜爱，他被授予二等贵族，这是以前属于阿尔塔瓦斯德的。他还被授予东境的军事指挥权，并把德鲁阿斯普留给了他。德鲁阿斯普是他的一位波斯朋友，与瓦斯普拉坎的亲王联姻，他把塔特昂镇[1]及其庄园和大葡萄园也给了他，这个葡萄园由盖拉图湖[2]的一条分水渠灌溉。提兰亲自派遣代表前往埃克雷茨地区，在切尔梅斯镇建造了王宫。提兰在平安无事地统治了21年后，在去北方的一次旅途中遇上一场暴风雪，不幸身亡[3]。

---

① 塔特昂镇，位于凡湖北部，阿拉赞尼河的发源地。

② 盖拉图湖，位于阿库林河和阿拉克斯河汇合处以南。

③ 参见第二章"尼西比斯城的重建和萨纳特鲁克的词源及其死亡"。

关于提里达特·巴格拉提德及其家族的姓氏

提兰国王把自己的女儿埃拉尼克嫁给了巴格拉提德家族的一个叫提里达特的人，提里达特是英勇的斯姆巴特之女斯巴图希的儿子，他生来精力充沛，但又矮又丑。埃拉尼克很讨厌自己的丈夫，总是抱怨不断，哀叹自己有一副好外表，却跟个丑八怪生活在一起，哀怨自己出身高贵，却和一个出身卑微的男人住在一起。提里达特为此非常气愤，有一天，把她狠狠地揍了一顿。他剪掉她的金发，扯掉她浓密的头发，然后下令把她扔出屋外。他本人不管不顾地到米底的安全区去了。他刚到达休尼克族的地界，就听到了提兰的死讯，于是就在这里停留下来。

一天，休尼克亲王巴库尔邀他赴宴。就在他们喝得酒醉朦胧之际，提里达特看见一个非常漂亮的女子在唱歌，她叫纳兹尼克。他被她迷得神魂颠倒，就对巴库尔说："把这个歌手给我好了！"他说："不行，她只是我小妾。"可是，提里达特却一把抓住那女人，将她拉到长榻上，尽情地发泄着自己的情欲，就像一个冲动得情不自禁的年轻人。巴库尔妒火中烧，站起来把他从她身边拽开。但提里达特却起身抓起一只花瓶当作武器，将其他客人都轰走了。你可以在这里目睹奥德修斯对佩内洛普的追求者大开杀戒，还能看见在佩里索斯大婚上拉皮斯与半人马厮杀的场面。之后，他立刻上马带上这位小妾，朝自己老家斯佩尔省出发了。对于这个风流之人的胆量，我们无须赘述。

但是，请记住，巴格拉提德人在抛弃先祖的法规时，首先接受的是蛮族的姓氏，比如：比乌拉特、斯姆巴特以及其他诸如此类的称呼。而在抛弃祖先的法规以前，他们所使用的传统姓氏是：巴加迪亚、图比亚、塞纳克亚、阿苏德、萨帕蒂亚、瓦扎里亚、恩纳诺斯。依我之见，巴格拉特（即：巴格拉提德人）如今被称为"巴格迪亚"，阿苏德被称作"阿肖特"，瓦扎里亚被称作"瓦拉兹"，正如桑姆巴特被称作"斯姆巴特"一样。

提格兰末代国王，究竟是怎样一个人，又有何作为

提兰之后，他的兄弟提格兰继位，成为提格兰王朝最后国王，也就是在波斯国王卑路斯执政的第24年登上亚美尼亚王位。提格兰活了42年，除了在罗马大帝提图斯二世（亦称安东尼努斯奥古斯都①）去世时，被一位希腊女子俘获之外，

①安东尼努斯奥古斯都指的是安东尼努斯·庇乌斯，公元138—161年在位。

再没有什么值得称道的英雄事迹可资记载。波斯王卑路斯之所以叫卑路斯是因为他曾入侵罗马得名"卑路斯"，意思是"胜利者"。他原先叫"瓦莱格索斯"，这是希腊语。但是波斯人怎样称呼他，我就不知道了。

在卑路斯经由叙利亚侵入巴勒斯坦地区的同时，提格兰也以其名义入侵了地中海地区。提格兰被一位公主俘获，这位公主因皇帝卢西亚诺斯在雅典修建神殿而统治着地中海一带。卑路斯死后，卢西亚诺斯率领大军进军地中海，击败亚美尼亚，并释放了提格兰。卢西亚诺斯将自己的亲戚，一个叫罗普伊的女孩许配给了提格兰。但是，提格兰在返回亚美尼亚后，就把她抛弃了。为了避开安息家族的姓氏，他把她生的四个子女都封了爵位，并以孩子母亲罗普伊的名字改姓为罗普桑。他把自己的长子封为"太子"，并把他列入了其他贵族之列。

不过，不管是在这儿还是克塞克①一带，小家族都是由这个提格兰发展起来的。尽管他们在军队中默默无闻，但他们个人却享有盛名，因为他们曾经为了救出提格兰而同希腊人作战。他们有的来自克塞克，有的是我们这一带的人，我指的是维琴尼克人，他们都是海克的后裔，也有一些人是从其

————————
① 克塞克，凡湖以南的一个省。

他地方来的。我们不会提及他们的名字，部分原因是我们并不了解他们，部分原因是我们希望避免那些工作的难度，还有部分原因是，在这个问题上，有太多的不确定性，任何完整的清单都会令人产生怀疑。因此，我们将对那些由最后一任提格兰国王建立的家族只字不提，尽管您常常要求我们这么做，但我们只讲我们所知道的事实。我们应当避免冗长详尽的叙述，而且应当回避一些通常看起来并不可靠的词句和结论，而要尽量按照事实的真相去做，不管是从别的渠道，还是依据我们自己的了解。在此，我将遵循同样的原则，以保证我的陈述不会有任何不妥之处，没有任何令人怀疑的地方。现在，我再次请求您，像以前一样，不要硬要我们承担额外的责任，不要仅凭三言两语，就把我们这一大堆扎实的工作说得一文不值，否则，您将面临与我相同的风险。

瓦拉什的统治，巴瑟安城的建造，诺尔卡拉克城墙的修筑，与卡萨尔人的战争，以及他的死亡

提格兰死后，其子瓦拉什在其同名的波斯王瓦拉什①32年

---

① 瓦拉什指希腊的"瓦拉什"，即"沃洛吉斯三世"，公元148—192年在位，即公元180年。

继位。他出生在一条大路上，他把这个地方建成了一座大城镇。他的母亲在前往阿拉特冬天的住所的途中，在巴瑟安省的穆尔茨河与阿拉克斯的交汇处，由于受到分娩疼痛和惊吓，生下了他。他修建了该遗址，并将其命名为瓦拉沙万。他还在卡萨克河畔筑起了一道城墙，围绕着坚固的瓦拉尔沙帕特城。传说中这样写道：

> 童年时代的瓦拉什离开了位于卡萨尔河[①]畔的图赫，在卡萨尔河畔阿提米德城旁的什列斯山脚下住了下来，并在那里用锤子敲打埃鲁安德国王的大门。

这个埃鲁安德是第一个叫这个名字的人，短命的一个人，他是海克[②]的后裔，瓦拉什娶了他的妹妹，并建造了这座瓦尔吉斯城。安息的后裔提格兰就是在此建立了第一个犹太聚居地，并发展成了一座商贸城市。如今，瓦拉什用一道高墙和一道坚实的围墙环绕着它，称其为瓦拉尔沙帕特。这座城市又叫诺尔卡拉克。

瓦拉什统治了20年之后就去世了。有的人一死，便不复

---

① 卡萨尔河（或叫"卡萨克河"）是阿拉克斯河的一条支流。
② 参见第一章"亚美尼亚历史上国王父子相传的顺序以及具体数目"。

存在，但他不一样，即使他已经死了，但还活在亚美尼亚人的心中，胜过那些无能慵懒的国王。在他当政时期，北方各族，也就是卡萨尔人与巴西尔人，联合起来，由瓦纳塞普·苏哈普率领，通过乔尔关隘①，横渡库拉河，到达对岸。瓦拉什带领大量精锐部队与之交战，大败敌军，使敌人尸横遍野。接着，瓦拉什在后面紧追不舍，将对方逼回到了乔尔山口。敌人在那儿重新集结，摆好阵势再战。虽然最终亚美尼亚人再次将其击溃，将其赶跑，但瓦拉什还是死在了对方熟练的弓箭手之下。

波斯王阿尔达班②三年，瓦拉什之子库思老继承了王位。继位之后，库思老立即召集了亚美尼亚军队，翻山越岭，要为死去的父亲报仇雪恨。他挥舞利剑长矛，一路穿越那些强大的部族，将抵抗士兵中的百分之一掠为人质。为了表示自己的权威，他还立了一块刻有希腊文的石碑，以明确表示自己效忠于罗马。

---

① 乔尔关隘指在达班德附近的高加索山脉的关口，参见第三章"君士坦丁与沙普尔之战"。

② 阿尔达班指的是阿尔达班五世，公元213—224年在位。

这段记载的来历

埃德萨的巴尔达桑，在末代安东尼努斯统治时，已是一位有名的史学家，向我们讲述了这个故事。一开始，他是瓦伦提努斯教派的追随者，但是后来，他反对这个教派，并与之为敌。这并不意味着他发现了真理，而仅仅是脱离了这个教派，创建了另一种异端思想。但是他没有歪曲历史，因为他是一位雄辩家。他大胆地给安东尼写了一封信，他写了很多反对马吉安派的文章，反对命运，反对亚美尼亚的偶像崇拜。

他这样做就是想看一下，能否让那些蛮族异教徒信服他的思想，但他不受欢迎，于是他进入了阿尼要塞，在这里他阅读了圣殿历史，包括国王的事迹后，然后他将这一切，连同他所处时代发生的事件，全部译成了叙利亚文。后来，这本书又被译成了希腊文。在此书中，他从庙宇崇拜的角度，叙述了亚美尼亚最后一任提兰王在圣坛之城巴加万[①]为其兄长马赞（圣坛之城的大祭司）之墓举行祭奠仪式，并在墓的上方修建了祭坛，供过往行人参拜，还可以在那里接受款待过

———————————

① 参见第二章"关于图拉真的所作所为以及马赞的兄弟们对马赞的谋杀"。

夜。后来，瓦拉什把亚美尼亚新年第一天设立成祭奠兄长的节日，而且大家都要过。我们正是以这本书为依据，讲述了从阿尔塔瓦斯德的统治到库思老石碑的历史。

阿加桑格罗斯是如何简短地叙述这些事件的

我们已经说过，继瓦拉什之后，他的儿子库思老，也就是圣提里达特大帝之父，继任国王。提里达特杰出的档案管理员阿加桑格罗斯为提里达特及其亲属作了简略的介绍，包括波斯王阿尔达班之死、萨珊之子阿尔达希尔征服帕提亚王国和波斯臣服于他、提里达特之父库思老的复仇以及他对波斯和亚述领土的掠夺。在这些简要介绍之后，阿加桑格罗斯接着说，库思老曾派人去过自己老家贵霜，请亲属帮助他对付阿尔达希尔。不过，这些人对阿尔达希尔的忠心与顺从远胜于他们的亲属与兄弟，因此，库思老做好了不靠他们就报仇雪恨的准备。阿加桑格罗斯接着讲道，在过去的十年里，库思老就这样持续地掠夺着这片土地，使之成为荒漠。随后，阿加桑格罗斯讲述了阿纳克在阿尔达希尔引诱下的背叛之行，阿尔达希尔许诺："我将归还你们的故乡，以及你们尊贵的巴列维名号，并为你加冕。"为此，阿纳克答应了他的要求，并将库思老杀害。

虽然阿加桑格罗斯的《历史》对这些事件做了简要的描述。不过，我还是要把那一段历史再详尽地重新讲一遍，从头说起，一五一十，把它的全部细节都讲清楚。[①]

帕提亚人的起源及演变

《圣经》说，亚伯拉罕是亚当以后的第21位先祖，他的后代就是帕提亚人。《圣经》上还说，在撒拉去世之后，亚伯拉罕娶了基土拉为妻，而基土拉则生育了埃姆兰和几个哥哥。亚伯拉罕生前曾把他们同以撒分离，并把他们打发到东方（《创世记》25:1-6），由此诞生了帕提亚民族，英勇无畏的阿尔沙克就是他们的后裔，他与马其顿人进行了斗争，并在贵霜人的领土上统治了31年。继任者是其子阿尔塔什斯，在位长达26年。后来，阿尔塔什斯之子阿尔沙克，这位以"阿尔沙克大帝"著称的人物，杀害了安条克，将其兄弟瓦拉尔

---

① 参见第二章"关于阿纳克的到来和圣格雷戈里的诞生""阿蒂埃斯大主教就阿格罗昌的隐修马可的提问写了一封信，简述了格雷戈里和其子的身世与生平""提里达特娶了阿什肯，君士坦丁娶了马克西米娜，提里达特改信基督教"。

沙克推上亚美尼亚国王宝座，并被委任王国二把手，但阿尔沙克大帝本人却前往巴赫尔，并在那里安然执政了53年。所以，他的后人就叫作巴列维人，而他的兄弟瓦拉尔沙克的后人则叫作安息人，两者都是根据各自的族姓取的。巴列维王朝诸王如下：

阿尔沙克大帝死后，亚美尼亚瓦拉尔沙克13年时，阿尔沙坎继任，执政30年；

阿尔沙纳克在位31年；

阿尔谢兹在位20年；

阿沙维尔在位26年。我前面说过，阿沙维尔三子一女，长子叫阿尔塔什斯，老二叫卡伦，老三叫苏伦，还有一个女儿叫科什姆。

阿尔塔什斯在父亲死后，想让自己的子孙后代统治他的兄弟。他的兄弟之所以听他的，倒不是由于他的花言巧语，而是由于他用武力征服了他们。阿布加尔与他签订了一份协议，规定阿尔塔什斯可以由自己的子孙继续掌权，但一旦他的子孙断绝，那么他的几个兄弟将按照年龄的先后来继承王位。阿尔塔什斯从他们那儿拿到了这一切，便授予他们省份，并根据每个人的名字授予他们家族贵族爵位。他将这些人的尊贵置于任何贵族之上，并保留了每个家族的原名，分

　　　　　　　　◆ 亚美尼亚史

别是：卡伦·巴列维，苏伦·巴列维，妹妹柯什姆叫阿斯帕哈佩特·巴列维，柯什姆的丈夫阿斯帕哈佩特是军队的统帅。就这样，他们相安无事度过了许多年，直至王位被剥夺。

不过，别以为我们只是重复说了一遍，就认为我们在此多此一举。要知道，我们很乐意再次讲述，以便读者能够完整地了解"启示者"格雷戈里的亲属。[①]

波斯国王阿尔塔什斯的宗族在灭亡前是怎样的一个宗族

现在让我们回顾一下阿尔塔什斯王朝历代的国王，直至王位从他们手里被夺去。继阿沙维尔之后，有 34 年的阿尔塔什斯、30 年的达勒、29 年的阿尔沙克、20 年的阿尔塔什斯、34 年的卑路斯、50 年的瓦拉什和 31 年的阿尔达班统治。阿尔塔什斯王朝最后一任国王夺取了帕提亚的王位，并取消了其继承的土地，但最终却被萨珊之子阿尔达希尔所杀。很多波斯人、叙利亚人和希腊人都是这一时代的史学家。自帕提亚王朝成立以来，直至覆灭，他们就与罗马人保持着联系，时而效忠，时而征战，这一点可以从帕莱法托斯、波菲利、

---

① 根据之前章节提到的内容可知，以上涉及的人都是格雷戈里的先祖。

菲勒蒙以及其他许多人的记载中看到。但是，我们将从霍罗布特带来的一本巴苏马撰写的著作来讲述这一点。

关于巴列维王朝的传说

霍罗布特曾是波斯国王沙普尔[①]的书记官，后来，朱利安（又称"叛教者"）率领军队前往泰西封，霍罗布特落入了希腊人之手。朱利安被杀后，霍罗布特和约维安与王室官员一同返回希腊。在皈依我们的宗教信仰后，改名以利亚撒。他学习了希腊语，并为沙普尔和朱利安的事迹撰写了一本史书。他还翻译了《早期国王的历史》，这本书是由他的一个俘房同伴所著，他的名字叫巴苏马，波斯人叫他拉斯索洪。我们的叙述就是以这个为基础的，现在将在本书中重述，但略去了其中的荒诞内容：帕帕格的梦境、萨珊喷出的扭曲火焰、羊群的围攻、月亮的光辉、占卜者（也就是迦勒底人）的先知、阿尔达希尔的谋杀奸淫计划、巫师之女关于公羊的鬼话以及诸如此类的传说。同样，我们也不会提及山羊在鹰影中哺育小羊羔、乌鸦的预言、狼为保护雄狮而效劳、孤身战斗

[①] 沙普二世，公元 309—379 年。

的英雄气概以及任何具有寓言色彩的内容。我们只会讲述那些确有其事，真实发生的历史。

库思老第一次入侵亚述，他打算帮助阿尔达班

在萨珊之子阿尔达希尔杀害阿尔达班并夺取王位后，阿斯帕哈佩特和苏伦·巴列维这两个巴列维家族支脉，对其亲属中的另一支系阿塔希斯心生妒忌，于是心甘情愿地接受萨珊之子阿尔达希尔的统治。但卡伦·巴列维家族仍然对自己的兄弟和亲属抱有善意，并在与萨珊之子阿尔达希尔的战争中与之对抗。[①] 亚美尼亚国王库思老一听说阿尔达班有麻烦，马上动身前往援助，只要有可能，无论如何，他都要在最短时间内赶到，以救援阿尔达班。在他到达亚述城后，听到了阿尔达班死亡的噩耗，还听说波斯全军都与帕提亚王朝和巴列维王朝的贵族结成了同盟，但不包括卡伦家族。他向卡伦派出了信使，然后满怀悲痛和悔恨返回了亚美尼亚。接着，他马上把这件事告诉了罗马皇帝腓力，并请求他的援助。

---

① 参见第三章"萨哈克大主教前往泰西封，带着荣誉和礼物归来"。

库思老在腓力的帮助下发动了对阿尔达希尔的进攻

由于腓力的帝国正处于困境之中，所以他不能抽调一支罗马部队来支援库思老，而是写信吩咐各地给他提供援助。他们接到这一命令后，就从埃及、沙漠，甚至是本都沿海，纷纷赶来增援。有了这么多兵马，他们攻打并赶走了阿尔达希尔，然后夺取了亚述和其他一些有王室住所的地方。

库思老还派了信使，去见他的亲族帕提亚人和巴列维人，还有所有贵霜人的部队，让他们来找他，向阿尔达希尔复仇。他说，要挑选他们当中最有才干的人为王，免得王位被人夺去。但前面提到的阿斯帕哈佩特和苏伦家族并不这样想，所以库思老在返回亚美尼亚后，并没有为自己的胜利而有太多的喜悦，相反却为失去了至爱之人而忧伤。这时，他派往到远如巴赫尔的一个著名内陆国度的一些信使回来了。他们给他带来消息说："您的亲戚维萨坎及其支系卡伦·巴列维并未拜见阿尔达希尔，而是响应您的召唤来拜见您了。"

库思老在没有罗马人帮助的情况下再一次攻打阿尔达希尔

尽管库思老对自己的亲属到来感到非常高兴，但这种兴奋只是一闪而过，随后又有一个坏消息传了过来，阿尔达希尔亲自率领他的联军追上了他们，把卡伦·巴列维家族的所有支系的男性全部屠杀殆尽，从年轻的男人到正在吃奶的孩子，除了一个孩子被家族里的朋友布尔兹带着逃往贵霜，送到几个有权势的亲戚那里。阿尔达希尔费尽心机想要抓住这个孩子。尽管他违心地发誓说保证那个男孩不会有危险，但他还是没能从那些团结起来的亲戚那里把他弄到手。因此，波斯人给他编了许多寓言故事，寓言故事中的动物都为这个孩子服务。这孩子就是佩罗扎马特，是卡姆萨拉坎家族（属于卡伦家族）的一位先祖，我们将在适当的地方讲述他的情况。

但是，现在我们要告诉大家的是，在卡伦·巴列维家族被屠杀之后，亚美尼亚国王库思老很快就报了仇。虽然腓力死后，罗马帝国陷入一片混乱，许多帝王，如德西乌斯、加卢斯、瓦莱里安等，曾一度争权夺势，都无能为力援助库思老，但库思老还是率领他的军队，连同他的盟友，以及北方诸国，打败了阿尔达希尔，追杀他到印度。

关于阿纳克的到来和圣格雷戈里的诞生

　　如今，阿尔达希尔从库思老那里逃到了印度。迫于压力，他向贵族们许下了许多承诺。如果有谁能够把他从库思老的追杀中解脱出来，不管是对库思老下毒也好，暗中刺杀也罢，他都会给予丰厚的报酬。他说："尤其是对于一个帕提亚人来说，很容易被虚假的友善所蒙蔽。他会相信你，也会相信你所说的感情，所以很好糊弄。"他答应将他们原来的家园巴列维、皇城巴赫尔和整个贵霜的领土都交还给他们。同时，他又许诺把王权、荣誉、雅利安帝国的一半送给他们，并让他们成为他麾下第二号人物。身为苏伦·巴列维家族的成员，阿纳克对此深信不疑，并决定除掉库思老。他声称要造反，从阿尔达希尔那里逃走，而波斯部队则佯装追杀他，仿佛他是一个逃亡到亚述的人。他们将他从阿塞拜疆边界驱逐出去。当时身在乌提省的库思老大帝得知此事后，以为卡伦的人来了，于是出兵支援阿纳克。他们见到了阿纳克，并根据国王的命令把他带到了阿尔塔兹的一处平原地带，这里曾发现伟大的圣徒泰达乌斯的骸骨和遗物。

现在，我将重述那位伟大的老者①讲的故事，他说"我承袭先祖的传统，我的子孙承袭父辈的记忆。"正如奥林匹亚多鲁斯传承塔伦和西姆山历史传统那样。当阿纳克住在阿尔塔兹平原的时候，碰巧在圣徒（泰达乌斯）的墓穴旁过夜，而墓穴就位于他营帐最里面的房间下面。据说，我们圣洁而伟大的"启示者"之母，就是在这间屋子里怀孕的。所以，阿纳克得到了同一个圣徒的恩典，在墓穴旁"受孕"，并以心灵"分娩"来完善他心灵中的缺陷。

阿纳克来到亚美尼亚两年后，在第三年，他杀害了执政亚美尼亚 48 年的国王库思老。库思老本人连同全家一起被处死。但是，神的关照只会拯救那些被神的意愿在母胎中创造出来的人，或被启示并被圣徒给予恩典的人。不过，阿加桑格罗斯将为你讲述接下来的事情。

关于卡帕多西亚的凯撒利亚主教费米利安及其生平

费米利安主教是位于卡帕多西亚的凯撒利亚的一位杰出学者，年轻时曾师从于奥利金。他撰写过许多文章，其中包括有

---

① 指萨哈克，他被认为是赞助亚美尼亚历史著作的第一人。

关对教会的迫害史，这些迫害最早发生于马克西米安和德西乌斯时期，最后发生在戴克里先的统治时期。他也在书中记录了这些国王的功绩。他在该书中提道，亚历山大的第 16 任主教彼得，在迫害的第 9 年殉道。他还写道，许多人为库思老殉道而死，在他之后还有许多人为别人殉道而死。但由于他并未记录这些人的生平，也未写出他们具体的姓名和地点，所以我们觉得他们的生平事迹并不值得重述。同样，他也谈到了塞维鲁之子安东尼，他曾与波斯王瓦拉什在美索不达米亚开战，最终战死在埃德萨和哈兰之间，但库思老并没有支持任何一方。

但是，关于他对库思老死后一直到提里达特统治无政府状态时期的事件的叙述，既然是准确的，我们就把它简单地再说一遍。至于提里达特统治时期和其后所发生的事情，我们并没有因为懒惰或疏忽而犯错误，也没有故意犯错误，我们只记载了希腊史籍中所记载的。所以，有关这类事情的信息，我们确实是从贤人与古文物学家那里得到的，我们已经给了你们一个忠实的叙述。

阿尔达希尔对我们的攻击以及他对罗马皇帝塔西佗的胜利

这个人（费米利安）说，在库思老遇刺后，亚美尼亚的诸侯们联合起来，帮助驻扎在弗里吉亚的希腊军队抗击波斯人，以拯救这个国家。他们马上就把这件事报告给瓦莱里安皇帝。但是，由于哥特人跨过了多瑙河，占领了许多省份，并对基克拉迪群岛进行了掠夺，所以瓦莱里安[①]没有能够及时保卫我们的国土。他的寿命并不长，克劳迪亚斯[②]继承了他的皇位，奥勒良[③]紧随其后。几个月之后，昆图斯[④]、塔西佗[⑤]和弗洛里安[⑥]三兄弟登上了国王的宝座。于是，就肆无忌惮地向亚美尼亚进犯，把希腊军队打得溃不成军，并把亚美尼亚的大片土地变成了不毛之地。亚美尼亚的贵族避之唯恐不及，与阿尔达希尔一家逃到了希腊。其中阿尔塔瓦斯德·曼达库尼带走了库思老之子提里达特，并把他带到了皇宫。这样，塔西佗就必须到本都来对付阿尔达希尔，于是他又派兄弟弗洛里安带着另一支军队前往奇里乞亚。但阿尔达希尔追上了塔西佗，把他赶跑了。塔西佗在本都的查尼乌克，也就是卡

---

① 瓦莱里安，另译"瓦勒良"，罗马皇帝，253—260 年在位。

② 克劳迪亚斯，罗马皇帝，268—270 年在位。

③ 奥勒良，罗马皇帝，270—275 年在位。

④ 昆图斯，克劳迪亚斯的兄弟，他在 270 年获得参议院的承认，但三个月后在奥勒良的进攻下自杀。

⑤ 塔西佗，罗马皇帝，273—276 年在位。

⑥ 弗洛里安，塔西佗的同母异父弟弟，276 年在位仅两个半月。

尔提克被他自己的部队杀死；与此类似，他的兄弟弗洛里安88 天后在达尔苏斯遇害。

波斯－希腊之间的和平以及亚美尼亚在无政府主义期间阿尔达希尔的成就

普罗布斯[①]当上了希腊皇帝，与阿尔达希尔讲和，瓜分了亚美尼亚的土地，还挖出一条壕沟，把两国的边界分开。阿尔达希尔征服了这些贵族，将移民带了回来，并摧毁了他们的防御工事，只有一位叫阿乌泰的贵族例外，他出身于阿马图尼家族，与斯尔库尼家族有姻亲关系，是库思老之女库思老维杜克特的养父。他在阿尼城安顿下来，就像是躲在一个宁静的小窝里。

阿尔达希尔成功统一了亚美尼亚，重建了昔日的秩序。同样，被剥夺了王位和在阿拉特居所的安息家族，也在旧地重获往日的收入。他还加大对寺庙的膜拜力度，下令巴加万祭坛上的奥尔米兹德圣火永燃不熄。然而，由瓦拉尔沙克在阿尔马维尔建立的作为先祖形象的雕像、日月雕像，以及从

————————————

① 普罗布斯，希腊皇帝，276—282 年在位。

阿尔马维尔搬到巴加兰，随后移至阿尔塔什斯城的雕像，却惨遭阿尔达希尔的毁坏。他颁布了诏书，让这片土地上的人们纳贡，彻底巩固了自己的势力。

此外，他用石头铺地，更新了由阿尔塔什斯设立的边界，并将其更名为自己的名字"阿尔达希尔界"。他和波斯统治者统治我们的土地，就像统治自己的领土一样，长达26年。在他死后，其子沙普尔（沙普尔意为"君王之子"）在位一年，直至提里达特继位。

阿尔达希尔对曼达库尼家族的屠杀

阿尔达希尔听说，一位亚美尼亚王子带着库思老的一个儿子一起逃走了，把其带至宫廷，将其救出。经过一番调查，发现是被曼达库尼人阿尔塔瓦斯德所救，便下令将他们的族人全部处死。于是，曼达库尼人赶紧逃跑，期间其他亲王的家人也跟着一起逃离。阿尔达希尔安抚了剩下没有逃走的，其他逃走的见状便回来了，于是回来的就都被杀了。但有一名来自阿肖特家族的塔查特，是古沙尔·海克赞的后裔，他从阿尔塔瓦斯德的姐妹中绑架了一位年轻貌美的姑娘，逃到凯撒利亚城，拯救了这位姑娘，并因为她的美貌而娶其为妻。

提里达特在亚美尼亚政府动荡不安之际的英勇事迹

他（费米利安）谈到了提里达特的实力：首先，他自幼酷爱骑马，擅长骑术，善于使用多种兵器，而且乐于接受军事训练。而且，根据伯罗奔尼撒的赫菲斯托斯神殿的一位祭司的说法，在拳击比赛中，他打败过罗德斯岛经常以抓脖子获胜的克里托斯特拉托斯。甚至打败了阿尔戈斯的塞拉索斯，当时塞拉索斯拔起了牛蹄子，而提里达特则一只手捏住了两头野牛的犄角，然后狠狠地一扭，将两头野牛猛地甩到了一边。在另一场马术比赛中，他想驾驭赛场的马车，却被马车甩了出去，摔倒在地，不过最终他还是把车给拉住了，使它停了下来，让在场人都大吃一惊。在普罗布斯发动对哥特人的战争期间，发生了严重的饥荒。当士兵们发现缺少给养的时候，就起义杀死了普罗布斯，并反抗所有的贵族。但是，只有提里达特一人抵抗他们，他不让任何人进入与自己同住一起的利西尼乌斯的王宫里。

后来，卡鲁斯与其子卡里努斯、努梅里安共同成为罗马的统治者。[1]他集结军队与波斯国王交战，取得胜利后返回罗

---

[1] 卡鲁斯，罗马皇帝，282—283 年在位。他的两个儿子卡里努斯和努梅里安作为凯撒，283—285 年间担任罗马帝国皇帝。

马。这样，阿尔达希尔就得到了许多国家的拥护，甚至获得塔奇卡斯坦荒原上的人们①的支持，同罗马军队在幼发拉底河沿岸又展开了一场战争。在这场战役中，卡鲁斯在里农阵亡。与此类似，由卡里努斯率领的部队，在提里达特陪同下深入荒漠，与科尔纳克作战，结果全军覆没，幸存者四散奔逃。就在这个时候，提里达特的坐骑负伤了，无法和溃败之兵一起飞奔而去。尽管如此，他仍然拿起武器，带上马具，游过又宽又深的幼发拉底河，逃向利西尼乌斯所在的自己的部队。当时，努梅里安已死于色雷斯，戴克里先继任国王。除了费米利安讲的以上这些外，阿加桑格罗斯也向您讲述了提里达特在他那个时代的各种事迹。

阿蒂埃斯大主教就阿格罗昌的隐修马可的提问写了一封信，简述了格雷戈里和其子的身世与生平

一位叫布达尔的波斯人，并非微不足道，他来自波斯，来到卡帕多西亚省，并在凯萨利亚安顿下来。他与一位名为索菲的基督教女子结了婚，她是一位叫尤塔利乌斯的大商人

---

① 指美索不达米亚地区的阿拉伯人。

的妹妹。婚后，布达尔与妻子一同踏上了返回波斯的旅程，不过尤塔利乌斯却追上他，劝阻他不要再往前走了。就在当时，我们的"启示者"出世了，而苏菲机缘巧合成为那个孩子的奶妈（养母）。尤塔利乌斯在那次血洗事件①之后，与他妹妹、妹夫及孩子一起返回卡帕多西亚。但是，我可以很开心地说，这一切都是上帝的预言，是为了准备我们的救赎之路。否则，他们又怀着怎样的希望和期待来抚养巴列维的后代，使其成为基督教的信徒呢？

但是，在这个孩子长大成人之后，一位名叫大卫的基督徒，将自己的女儿玛丽雅姆嫁给了这个孩子。在三年内生了两子后，二人心甘情愿地分道扬镳。玛丽雅姆带着小儿子进了修道院，自己当了修女。小儿子长大后，追随了一位名叫尼科马库斯的隐士。但是，大儿子却和家庭教师一起生活，随后选择了世俗的生活，娶妻生子。但是他们的父亲格雷戈里为了偿还父辈所欠之债不得不在提里达特那里效力，或说得更确切些，要到亚美尼亚去传教，并要以大祭司的身份殉道。

如今，儿子们比他们伟大的父亲还要伟大，因为这位父亲与提里达特一起返回亚美尼亚时，并没有寻找自己的儿

---

① 为了报复阿纳克谋杀库思老，对阿纳克的家人进行了大屠杀。

❖ 亚美尼亚史

子，而儿子们也没有去找他。这几乎与担心迫害无关。但是，当他们的父亲被尊为圣徒，受人尊敬时，他们却一点也没表现出傲气。他也没在凯撒利亚逗留，很快就回到了塞巴斯蒂亚，忙着收集教学资料。但即便他在凯撒利亚多待几天，儿子们也不会管他的闲事，他们在意的只是那些永恒的事物。正如阿加桑格罗斯的《历史》所说，他们不为自己争取荣誉，但荣誉却随他们而来。

马米科尼扬家族从何而来，又是如何产生的

　　萨珊之子阿尔达希尔死后，他把波斯的王位传给了儿子沙普尔[①]。据说，在他当政期间，马米科尼扬家族的祖辈从北部诸国中最勇敢高贵的国家，也就是东北方向的中国，迁徙到亚美尼亚，以下就是有关他的传说。

　　阿尔达希尔去世的那一年，中国有一位名叫阿波格·钦巴库[②]的皇帝，有两个养兄弟，一个叫布尔多克，一个叫马姆贡，都是大亲王。布尔多克诽谤马姆贡，皇帝阿波格下令诛

[①] 沙普尔一世，公元240—272年在位。

[②] 意思是"国家的荣耀"，这里是对中国皇帝称号"天子"的译名，不是具体人名。

杀马姆贡。当马姆贡得知这一情况时，就违抗皇帝旨意，带着手下逃走，去见波斯国王阿尔达希尔。阿波格派特使要求将其遣送回国，遭到阿尔达希尔的回绝，于是中国皇帝决定向其宣战。不过，就在此时，阿尔达希尔死去，沙普尔继位。

沙普尔虽未将马姆贡移交给他的主子，却不准他继续待在雅利安人的国土上，而将他连同他的全部随从，以放逐的方式发配到亚美尼亚的总督那里。然后又差人去见中国皇帝，说：“我不能把马姆贡交给你们，我的父王曾经对着太阳发过誓，你们不必放在心上。不过，为了不给你们带来麻烦，我已将他驱逐出境，发配到西部的边陲之地，那等于是将他置于死地。所以，希望不要让你我之间发生战争。”正如人们所说，中国人最爱好和平，于是那位中国皇帝就答应跟他们议和。由此可见，中华民族是真正热爱和平、热爱生命的民族。

他们的土地盛产各种各样的水果，大地上装饰着美丽的植物，盛产藏红花、孔雀和丝绸。有数不清的羚羊，以及称为“驴山羊”的各种奇妙的动物。据说，在那里，平民百姓吃的就是我们当中贵族和少数人的食物，比如山鸡、天鹅之类的。谁也不知道那些大人物身上到底有多少珠宝。至于我们少数人所穿的长袍，对于他们而言，不过是一件寻常的衣裳罢了。以上就是关于中国的概况。

于是，马姆贡只好不情愿地去了亚美尼亚，在那里遇到了归来的提里达特。马姆贡并没有随波斯大军归去，却率领全部随从，带着厚礼去拜见提里达特。提里达特接纳了他，但没有带他到波斯去打仗，只是为马姆贡及其随从提供了安身之所，并提供伙食津贴。多年来，马姆贡及其随从的安身之处被提里达特调换了许多地方。

皈依前的提里达特在统治期间的非凡能力

因为没有年表就不可能有真实的历史，所以我们进行了详细的调查，发现提里达特是在戴克里先统治的第三年登上王位的，他携带一支大军来到这里。他到了凯撒利亚时，大多数的亲王都去拜见他。来到这个国度后，他发现阿乌泰把他的妹妹库思老维杜克特抚养大，并且坚持不懈地守护着他城堡里的财宝。他为人正直、刚毅、忠厚、聪明过人。虽然他并不了解神的真谛，但也明白，所谓的神灵，不过是虚妄而已。他的养女库思老维杜克也是如此，也是个非常低调的年轻姑娘，像个修女，不像别的女人那样喜欢夸夸其谈。

提里达特委任阿乌泰担任亚美尼亚军队的最高统帅，并向他表示感谢，甚至向他的义兄阿尔塔瓦斯德·曼达库尼致以敬意，正是他使自己才得以出逃，重振父辈的荣光。所以，他授予阿乌泰亚美尼亚军队的指挥权。出于相同的理由，他指定其小舅子塔查特作为阿肖特省的亲王。后来，塔查特提醒他的老丈人阿尔塔瓦斯德以及提里达特，格雷戈里是阿纳克之子，以及格雷戈里的儿子是谁，这一点，他本人在凯撒利亚时就已经知道了。

不久，英勇的提里达特亲自出征，先后在亚美尼亚和波斯打过几场胜仗。他曾在一场战斗中胜过《旧约》里的以利亚南（《列王纪2》23，《编年史》11:11），他将手中的长枪高高举起，对着同样数目的受伤敌人猛刺。还有一次，强壮的波斯武士感受到了"巨人"身上那股强大的气力，他们将他的战马射得遍体鳞伤，马倒地而亡，将他摔在地上。但他重新爬了起来，奋力徒步进攻，击溃了更多敌人，然后又从敌人手里夺过一匹战马，勇敢地爬了上去。还有一次，他主动步行，手持一柄长剑，驱散了一支象兵队伍。这就是他在波斯与亚述征战中完成的壮举，甚至他还曾经出征于泰西封之外的地方。

提里达特娶了阿什肯，君士坦丁娶了马克西米娜，提里达特改信基督教

提里达特一到亚美尼亚，就差遣巴格拉图之父斯姆巴特将军为他迎娶阿什哈达尔之女阿什肯。那姑娘跟提里达特国王一般高。他下令将她登记成安息人，让她身披紫袍，头戴王冠，做了自己的新娘。她还给自己生了一个儿子，名叫库思老，不过他没有达到他父母的地位。

与此同时，戴克里先的女儿马克西米娜也在尼科米底结婚了。她嫁给了君士坦丁大帝，罗马皇帝君士坦提乌斯之子。君士坦丁并非马克西米安女儿所生，而是妓女海伦所生。这位君士坦丁在此婚姻期间，一直与亚美尼亚国王提里达特交好。君士坦提乌斯死后几年，戴克里先任命君士坦提乌斯的儿子同时也是他的女婿君士坦丁继承罗马的王位。

君士坦丁在成为皇帝之前，也就是当他还是凯撒的时候，在战斗中总是被打败。当他痛苦地睡去时，他看到了一个由星星构成的十字，周围有一行字："用这个来征服你的敌人。"他将此作为象征自己的徽章，佩戴在胸口，用来征战

沙场，所向披靡。但是后来，在其妻马克西米娜，也就是戴克里先之女的哄骗下，他发动了一场针对教会的迫害。他使许多人殉道，又因自己的狂妄自大，全身表现出麻风症，即使是占卜者和马西亚医生也束手无策。于是，他就派人去见提里达特，请求他派遣波斯与印度的巫师前来。但实际上，他们把异教徒的祭司带到了这里，并听从恶魔的建议，让他在一个盆里屠杀了许多孩子，然后用温热的鲜血冲洗自己，以便痊愈。但是，当他听到孩子们的哭声和他们母亲的哀号时，他心生怜悯，就宽恕了他们，宁愿让他们得救，也不要让自己得救。于是，他便受到了神的恩惠：在异象中，他领受使徒的指示，通过罗马大主教西尔维斯特之手，用洗礼池里的再生之水来洗涤自己的生命。西尔维斯特在遭到保罗的迫害之后，就一直隐居在塞拉班山上。正如阿加桑格罗斯的《历史》所言，他遵从使徒的教导，皈依基督教，于是神就把所有在他面前的暴君都赶走了。

中国亲王马姆贡对斯尔库尼家族的屠杀

当波斯国王沙普尔停战休息期间，提里达特前往罗马拜见圣君士坦丁。于是，沙普尔开始了他的计划，一心谋害亚美尼亚。他煽动所有北方民族向亚美尼亚进军，并约定好时间，让自己与雅利安人从相反的方向同时到达。斯尔库尼亲王斯鲁克，受其蛊惑，杀害了自己的女婿，即阿马图尼家族的老阿乌泰，他是提里达特的妹妹库思老维杜克特的监护人。此后不久，提里达特大帝从西方赶来，当他了解了这些情况，并且发现沙普尔没有按约定时间到达，便去攻打北方民族。但斯尔库尼亲王却在城中修建了一道防线，那是一座名叫奥拉坎①的城堡，西姆山脉的居民就是他的避难所。他为了对抗提里达特国王，把整个城堡都搞得乌烟瘴气，不准人们在西姆山周围劳作。提里达特国王告诉亚美尼亚所有的王公贵族："只要有人能把斯尔库尼亲王带来，我就将斯尔库尼家族的村落、田产和全部领土赠与他，并赋予他永久的管辖权。"那位中国人马姆贡承诺了这一点。

当提里达特国王前往阿尔巴尼亚地区去同北方民族交战时，马姆贡率领所有部下来到了塔伦地区，仿佛是在与国王作对。出发时，他秘密地派人步行去通知斯尔库尼亲王，说国王将动身前往阿尔巴尼亚。他说："提里达特国王的情况十分危急，于是他去了阿尔巴尼亚对所有北方民族开战。所

---

① 奥拉坎：位于塔伦。

以，对我们来说，这是一个合适的时机，我们可以计划并实现我们的愿望。我已经下定决心，要和你站在一起，因为我受到过国王的羞辱。"对此，斯尔库尼亲王大为欢喜，信誓旦旦地答应了他的请求。不过，在他能看见马姆贡是怎样信守他的承诺和协议之前，是不准许他进入城堡的。但马姆贡却试图通过各种方式向斯尔库尼亲王表明他对叛军的友善，并使他相信自己是一个有诚意的同盟者。直到斯尔库尼亲王下令马姆贡可以自由进出城堡。

在马姆贡再三保证效忠之后，斯尔库尼亲王终于同意外出打猎了。在狩猎过程中，马姆贡向叛军首领背后射出一箭，将其射杀。他带着手下匆匆赶到要塞门口，夺取了城堡，将城堡里的人全部抓了起来。他还决定彻底铲除斯尔库尼家族，但其中两人逃往措普克①。马姆贡迅速向提里达特国王报告了情况。提里达特对这个消息十分高兴，写了一份诏书，授予他许诺给马姆贡的全部土地，并让他成为原叛军的亲王，以自己的名字命名为马姆贡。不过，他还是下令，不能伤及剩下的斯尔库尼人。

---

① 措普克，亚美尼亚最西部的一个省份。

提里达特在阿尔巴尼亚战争中的英勇，他将巴西尔国王砍成两半

提里达特国王将全部亚美尼亚人带到了加尔加平原①，与北方民族交战。两军相遇后，他将敌军一分为二，然后像个巨人一样向他们发起进攻。我很难描述他的敏捷的手臂，也很难描述他击倒了多少敌人，只见敌人在尘土中满地打滚，这个场景就像一位娴熟的渔夫将满网的鱼儿撒向大地，鱼儿在大地上跳来跳去、翩翩起舞。巴西尔国王见此情景，便奔向提里达特国王。他从战马的盔甲上取下一条用皮革缠绕的筋带，反手一甩，恰到好处地缠上了提里达特的左肩与右臂。提里达特扬起一条胳膊想要出剑，但巴西尔身披锁子甲，箭矢也射不穿。由于无法徒手将提里达特从马上拽下来，巴西尔只能一把抓住马的胸口。提里达特身手极快，根本就不用马刺去扎自己的坐骑，只是伸出左手，一把抓住了马背，然后猛然一拉，就把战马拉回到了自己这边。只见他手中的双刃长剑飞快地挥舞着，将巴西尔拦腰斩成两截，同

---

① 加尔加平原，位于塞凡湖的东北部。

时也斩下了马头，斩断了缰绳。

全军一见自己的君王和统帅被这只恐怖的巨手拦腰斩断，纷纷掉头就跑。提里达特穷追不舍，一路追杀到了匈奴人的领地。虽然他的军队损失惨重，许多贵族也阵亡了，包括阿尔塔瓦斯德·曼达库尼在内的亚美尼亚统帅全部战死，但是提里达特仍然遵照祖先的传统，从敌军手里抓一些人质回来。接着，他又召集所有北方百姓，集结成许多军队，前往波斯与阿尔达希尔之子沙普尔交战。他委任了四位将领：他所信赖的格鲁吉亚亲王米赫兰、星象占卜师巴格拉特、阿什图尼亲王马纳奇尔以及阿马图尼亲王瓦罕。但现在我们要讲的是米赫兰的皈依和格鲁吉亚的土地。

关于被赐福的努涅，她是如何成为格鲁吉亚人的救世主的

有一位名叫努涅的女人通过极端的苦行生活获得了治愈疾病的神奇能力，她是圣里普西姆的失散伙伴之一，她们曾经一起逃往格鲁吉亚首都姆茨赫塔。凭借这种神奇能力，努涅治好了很多受疾病折磨的人，其中最有名的当数格鲁吉亚亲王米赫兰之妻。米赫兰问她：“你是靠什么力量创造这些奇迹的？”由此，他了解到基督耶稣的福音。他饶有兴致地

听着，再复述给大臣们，他们都赞不绝口。就是那时，他从别人那里听到了在亚美尼亚的国王和贵族们被赐福的种种奇事，以及关于努涅的那些同伴们的传闻。他很惊奇，就把听到的奇事告诉了努涅，并从她那里得知了更多细节。

有一天，米赫兰外出打猎。天色渐渐暗下来，他在悬崖边上迷路了，尽管他的视野不受影响。就像"上帝以声音唤起迷雾"（《约伯记》38:34）以及"上帝将白天变成黑夜"（《阿摩司书》5:8）所说的一样。这片黑暗笼罩着米赫兰，对于他而言，这就是他寻找永恒之光的动因。惊恐之中，他想起了他听到的有关提里达特的故事：他正要出去狩猎，却遭到了上帝的惩罚。米赫兰猜想，自己多半也是这样。他心中充满了恐惧，祈求天空放晴，好让他平安归来，并许诺要敬拜努涅的神。他如愿以偿，并兑现了承诺。

由于格鲁吉亚人欣然接受了布道，蒙福的努涅便找了几个信得过的人，派他们到圣格雷戈里那里，询问他今后对她有何吩咐。她被吩咐要跟他一样去摧毁那些偶像，然后立起一个荣耀的十字架以待上帝派一位传道人来指引他们。于是，她立刻摧毁了城外的雷神阿拉马兹德的神像，这座神像和城池之间流淌着一条汹涌的库拉河。原先，每天早上，人们都会站在房顶对着神像膜拜，因为神像就面向着他们。但如果有人想献祭，他必须过河到寺庙前祭祀。

现在，城里的贵族们都站出来反对她，说："那么，我们不拜神像，又该拜谁呢？"她告诉他们："基督十字架！"于是，人们就在城东一座美丽的小山上竖起了十字架，中间也隔着一条小河。人们早上也会像之前一样，在自家屋顶上对着这座十字架顶礼膜拜。只是，当他们上山之后才发现，砍下来做十字架的木头压根就不是什么能工巧匠所为，这让很多人嗤之以鼻，因为那片山林中这种木材随处可见。于是，他们就丢开它走了。仁慈的上帝看到他们做错了事，便从空中降下一道云柱，使整个山头都充满了芳香，还可以听见一群人在唱圣歌，歌声十分悦耳动听，同时射出一道十字架形状的光芒，形状和大小都和木制的十字架一样，上面缀着12颗星星。众人看到这一幕，就都深信不疑了，对它顶礼膜拜。从此以后，敬拜十字架便有了神奇的疗愈作用。

蒙福的努涅后来又以她纯洁话语在格鲁吉亚其他各省布道。她游历四方，从不张扬，只是默默行于世间，更确切地说，她被钉在十字架上，努力让整个尘世化作向死而生之所，以自己的话语印证神的道，用自己的鲜血为自己冠上荣耀。可以说，她已经是一位圣徒了。据阿加桑格罗斯讲，她的布道始于克拉里克，一直到阿兰人与凯斯宾两族的门前，甚至远至马萨格泰人的边境。现在，让我们回到提里达特入侵波斯的故事。

沙普尔战败，被迫臣服于君士坦丁大帝，提里达特征服了埃克巴塔那，他的亲属来到这里，并在那时找到了救赎之木

提里达特虽然大获全胜，但由于麾下大军损失惨重，多位亲王阵亡，所以在独自向沙普尔发起挑战之前，一直犹豫不决。后来，罗马人攻打亚述，赶跑沙普尔，洗劫了全国，大批罗马人与提里达特并肩作战，这时他才有勇气出兵讨伐沙普尔。就这样，提里达特率领他的全部手下，侵入波斯帝国的北部，展开了历时一年之久的征战。

在此期间，提里达特的亲戚佩罗扎马特的长子卡姆萨尔前来拜访。这个佩罗扎马特正是在阿尔达希尔血洗卡伦·巴列维的支系时，布尔兹救出的那个孩子。在他成年后，阿尔达希尔派他接替他父亲的职位，统帅大军，目的是对那些蛮荒国度发动战争，可实际上他却打算使佩罗扎马特落入蛮族之手。但他英勇善战，在击败被称为卡哈坎的瓦祖尔克之后，瓦祖尔克便将女儿许配给他。同时，他还将阿尔达希尔

的不少女亲戚收纳为妾，并且有了不少子嗣，由此势力不断扩大，从而控制了那些地区。尽管他很受阿尔达希尔的尊重，但他还是不愿意与他见面。在阿尔达希尔去世之后，佩罗扎马特非但没有向其子沙普尔低头，反而在数场战役中击败了他。可是，佩罗扎马特最终还是被沙普尔的朋友用毒药毒死了。

与此同时，还有另一个瓦祖尔克·卡哈坎，他是佩罗扎马特之子卡姆萨尔的敌人。但是，卡姆萨尔觉得，要在两位强势君王的敌对中生存下来并非易事，尤其是他的几个兄弟还不能与他同心同德，于是，他便携全家老小和部下投奔提里达特国王，而他的几个兄弟则去投奔沙普尔。这个卡姆萨尔，在他父亲生前的战争中表现出惊人的勇敢，但是，在一次勇猛地冲锋中，他的头颅被削去了一截。尽管经过药物的治疗，他的头部仍然没有生长完整，所以被称为"卡姆萨尔"。

提里达特攻占了埃克巴塔那（安息城）①，留下副官和总督，带着卡姆萨尔及其部下回到了亚美尼亚。沙普尔请求他的赢家君士坦丁与他签署永久和约。圣君士坦丁签了合约，

---

① 安息城：现代哈马丹市。

亚美尼亚史

然后将他的母亲海伦送往耶路撒冷，寻找荣耀的十字架。海伦通过后来成为耶路撒冷主教的犹太人犹大找到了带着五颗钉子的"救赎之木"。

利西尼乌斯的入狱，王宫从罗马的迁离以及君士坦丁堡的建造

当上帝把所有的暴君从君士坦丁面前赶走之后，君士坦丁对利西尼乌斯很是敬重，把他的同父异母妹妹许配给了他，并赐予他一件凯撒的紫色长袍和一顶王冠，并把他封为二等公爵，将整个东部地区都交给了他。然而，正如《圣经》上所记载的，希伯来人不可能改变邪恶，这一点在这里也是如此。美洲虎从不会改变身上的斑纹，埃塞俄比亚人也不可能改变身上的肤色，正如不信神的人不可能改变自己的生活习惯一样（《耶和华》13:23）。利西尼乌斯为人主要表现，一是对真理的背叛，二是对恩人的背叛。他曾迫害过教会，暗地里出卖过君士坦丁堡，又使他手下的每一个人都遭过殃。这个下流、卑鄙的老头儿，还将自己的头发染成了红色，对蒙福的格拉菲拉一往情深，但却使自己的妻子吃尽了苦头。他还杀死了本都的阿马西亚的主教圣巴西尔。

利西尼乌斯知道，一旦事情败露，君士坦丁绝不会坐视不理，所以他召集了自己的部队开战。由于提里达特国王一直以来对自己冷漠，利西尼乌斯早就将他视作了不共戴天的敌人，因为利西尼乌斯深知，每个邪恶的人都是正义的敌人。如今，君士坦丁胜利了，上帝把利西尼乌斯交在他手里。君士坦丁对待他，就像对待一位老人和女婿，仁慈地让人给他戴上镣铐，押往高卢，押解到矿山，要他向他冒犯的上帝祈祷，祈求上帝能长久地宽恕他。君士坦丁本人及其子嗣向世人表明，整个罗马帝国是团结的。他庆祝了他在尼科米底城 20 周年，他从迫害教会的第 4 年一直到和平时期的第 13 年在位，这一纪念日至今仍为世人所庆祝。

君士坦丁觉得不需要再回到罗马，便迁往拜占庭，在那里建起了宫廷，这是他所做的一个预言之梦的命令。他在那儿修建了宏伟的建筑，把这座城市扩建了 5 倍。除了几座像世界征服者马其顿的亚历山大在那里为准备与大流士对抗而建的建筑（储备战争物资的所谓战略区）外，这里再也找不到任何一位伟大国王的建筑物。后来，罗马皇帝塞维鲁重新修建了这一建筑，他自己在柱子的地方建了一座浴池，上面用色雷斯语写着"太阳"这个神秘的名字，所以这个浴池就叫作"太阳"。他还建造了一座剧场，既供野生动物搏斗，也供玩家玩耍，还有一座竞技场，但尚未完工。君士坦丁以各种方式建造了这座城市，并称之为"新罗马"，但是全世界都把它叫作"君士坦丁之城"。还有人说，他偷偷从罗马拿走了一尊名为"帕拉迪姆"的雕塑，并将其放置在他亲手立在广场上的一根石柱之下。虽然别人也许会这么认为，但我们还是觉得不可思议。

关于异教徒阿里乌斯以及为他在尼西亚召开的会议，发生在格雷戈里身上的奇迹

那时，有一个来自亚历山大城的名叫阿里乌斯的人，他向人们灌输了一种异端邪说：圣子不等同于圣父，并非从圣父的本质和存在而来，也并非从先于所有时代之前的圣父那里而来，而是另有其人，是被创造出来的，要比圣父更年轻，是后来才出现的。这个不虔诚的阿里乌斯最终死在了厕所里，遭到了报应。于是，君士坦丁皇帝下令，召集多位主教到比提尼亚的尼西亚开会。在那儿，由圣西尔维斯特签过名的罗马城神职人员维克多和文森特、亚历山大主教亚历山大、安条克主教尤斯塔修斯、耶路撒冷主教马卡留斯以及君士坦丁堡主教亚历山大，齐聚一堂。

然后，君士坦丁皇帝又给提里达特国王下了一道旨意，要他邀圣格雷戈里共同来赴会。但是提里达特拒绝了，因为他听说沙普尔同印度国王和东边的卡哈坎结盟，而且沙普尔的指挥官正是后来执政 9 年的纳尔斯以及后来执政 3 年的奥尔米兹德[①]，这两个人都很成功。他还担心自己会触犯异教习俗，因此没有出国。圣格雷戈里也婉言谢绝了，他不想以"忏悔神父"这个名号在赴会中博取更多的荣耀，尽管众人确实是满怀爱意和好感才这样称呼他的。最终，他们打发阿里斯塔克斯带着封两人亲笔签名的信去朝觐了。在途中，阿里斯塔克斯遇见了圣莱昂提乌斯，当时，莱昂提乌斯正为神学家格雷戈里的父亲老格雷戈里进行洗礼。当老格雷戈里浮出水面时，四周都是亮光。除了正在给他施洗的莱昂提乌斯和正沿着同一路线来赴会的阿里斯塔克斯、埃德萨的尤塔利乌斯、尼西比斯的雅各布和波斯主教约翰，别人都没有看到。

[①] 这个年代的顺序是不可能的：沙普尔是指沙普尔一世，统治时间为 240—272 年；纳尔斯在 293—302 年间统治；奥尔米兹德在 272—273 年间统治。后两者都是沙普尔一世的儿子。

　　　　　　　　　　　　　　　　　❖ 亚美尼亚史

从尼西亚归来的阿里斯塔克斯和皈依基督教的亲属，以及在加尼的建筑

阿里斯塔克斯跟随圣莱昂提乌斯前往尼西亚城，这里聚集了318位教会领袖，他们准备推翻阿里乌斯派。他们将阿里乌斯派定为异端，将这些人逐出教会，皇帝也把他们流放到矿区。随后，阿里斯塔克斯带着正统教义回来了，并带回了大会的20章正典，并到瓦拉尔沙帕特城拜见了教父圣格雷戈里和国王提里达特。圣格雷戈里对此非常满意，并将他自己的一些教规加入到大会的教规条例中，以便更好地管理自己的教区。

有一天，卡姆萨尔及其亲属一起接受了圣格雷戈里的洗礼。在洗礼后，国王让他担任教父，并把阿尔塔什斯的巨大财产赠与了他，也就是现在的德拉斯坎纳克特和希拉克省[①]，这种馈赠就如同赠与自己的亲戚或忠诚的弟兄一般[②]。可是，他在接受洗礼之后，不到七天，卡姆萨尔就去世了。不过，提里达特国王安慰了卡姆萨尔的长子阿沙维尔，让他继承其父职，以其父之名授予其爵位，并将其归入王族。国王还在

① 德拉斯坎纳克特和希拉克位于阿拉拉特省。
② 参见第二章"埃鲁安德克特镇"。

原有馈赠中添加了埃鲁安德城和埃鲁安德省，范围一直延伸到大峡谷的尽头，这样阿沙维尔也许就会忘掉自己的故土巴列维①，使他能够坚定自己的信仰。阿沙维尔很喜欢这个地方，就用自己的名字给它取名"阿尔沙鲁尼克"，因为这个省原来的名字是"伊拉斯哈佐"。所以，我们已经解释了为什么会有两个氏族，一个是帕提亚人，一个是巴列维人。

大概就是在那个时候，提里达特完成了加尼要塞的建造工作，这座要塞是用铁钳和铅块将坚硬石头黏结在一起砌成的。在城内，他为妹妹库思老维杜克特修建了一座有塔楼和精致浮雕的荫凉住宅，并且以希腊文题词，向她表示敬意。

然而，圣格雷戈里却重新隐居在同一座山②上，从那以后，一直到死的那一天，都没有再露面。

格雷戈里和阿里斯塔克斯之死，以及这座山被称为"玛妮洞"的原因

提里达特在位的第 17 个年头，我们的圣徒格雷戈里坐在

---

① 参见第二章"阿布加尔东巡，立阿尔塔什斯为波斯国王，他使兄弟再念手足，我们启示者及其亲族都是其后裔"。
② 即达拉纳利克山，位于亚美尼亚的西北部。

❖ 亚美尼亚史

了圣徒泰达乌斯的宝座上。当他以圣洁的智慧之光，照耀了全亚美尼亚，驱散了敬拜偶像的阴霾，使所有地区都有了主教和牧师后，他以一种对群山和孤独的爱，怀着一颗宁静的心，过上隐居生活，不被打扰，只与神交谈。他留下了儿子阿里斯塔克斯做他的接班人，而自己则待在了达拉那吉克省的"玛妮洞"山中。

不过，还是让我们来解释一下为何叫"玛妮洞"吧。与圣里普西姆同行的人中，有一位名叫玛妮的女人，和格鲁吉亚的传教士努涅一样，在他们到达我们这里的时候，她并没有急切地追随她的伙伴们。但是她知道所有的地方都是属于神的，所以她就住在这几座山中的一些岩洞里。于是，人们就把后来圣格雷戈里居住洞穴的那座山叫做"玛妮洞"。

圣格雷戈里虽然居于此，却时常现身，周游四方，坚定门徒的信心。不过，在他的亲生儿子阿里斯塔克斯从尼西亚会议回来后，圣格雷戈里就再也没有露面了。所以，从他在提里达特在位的第 17 年开始担任神职，到提里达特在位的第 47 年，也就是他不再出现在任何人面前为止，算起来有 30 年了。

此后，阿里斯塔克斯担任宗主教 7 年，从提里达特在位47 年起，直到提里达特在位 52 年，阿里斯塔克斯在这一年去世。正如书中所述（《以弗所书》6:17，《希伯来书》4:12），他的确是一柄灵性的利刃，所以被视为所有不义者与恶人的仇敌。于是，当阿尔基莱斯，即所谓的第四亚美尼亚的总督，在挨了他一顿臭骂之后，就等着找个适当的日子报仇雪恨。在前往措普克省的途中，阿基拉莱斯与阿里斯塔克斯相遇，他一剑将其斩杀，随后逃往奇里乞亚的托瑞斯。阿里斯塔克斯的追随者们把这位圣徒的遗体运到了埃克雷茨省，安葬在了他的家乡蒂尔。从提里达特 54 年开始，他的兄长弗特内斯继承了王位。

圣格雷戈里在"玛妮洞"隐居多年，死后成为一名天使。牧羊人发现了他的尸体，将其埋葬于此，却不认识他。那些事奉我们救世主诞生的人（《路加福音》2:13），也应该事奉埋葬他的门徒，这确实是合适的。圣格雷戈里的遗骨，在神的旨意下，多年来一直未被人发现，正如古时的摩西（《申命记》34:6），为的是不让这些遗骨成为半信半疑的未开化民族膜拜的对象。但是，就在这种信仰深深扎根于这片土地后，过了许久，一位名叫加尼克的禁欲者发现了圣格雷戈里的遗骨，将其带到了托尔丹村。

众所周知，格雷戈里是帕提亚人，来自巴列维省，是当权的安息家族的后裔，而他父亲阿纳克则是苏伦家族的后裔。他从我们大地东方为我们而来，把真实的曙光带给我们，是我们的灵性之日、神性之光，是摆脱深重罪恶的偶像崇拜之所，是福与灵的丰盛之源，是植于耶和华殿内，在天主的庭院中茁壮成长的一株圣洁的棕榈树（《诗篇》91:13-14）。他在如此众多的民族中，广收信众，并为神的荣耀和赞美（《腓立比书》1:11），使我们进入了一个精神富足的晚年（《诗篇》91:15）。

关于提里达特国王之死，包括以哀歌形式的谴责

谈到圣贤、伟人、第二偶像、光耀我们的灵性导师、基督所造万物中最真的君王，我们必须用非常荣耀的字眼，要与拯救我们的第一领路人的苦行相称。"启示者"格雷戈里由于是殉道者，自然受到了圣灵的眷顾，不过，我还得补充一句，他之所以得到上帝的垂青，也是因为他的美德。但是，除了这些，提里达特的一言一行都可以和他媲美。我认为，提里达特比格雷戈里更具优势。在向上帝冥想和过着禁欲生活方面，二人是一样的。但是，提里达特的优越性在于，他可以用令人信服的或有力的言辞，来说服人们服从于他的信仰，而且从来没有停止过为他的信仰而作努力。所以，我称他为"领路人"，他就是我们生命中的另一位"启示者"之父。不过，现在不是

歌功颂德的时候，我们还是来谈谈历史吧，最重要的一点是，这本书并非我一人所写，而是由多位史学家共同撰写的。那么，让我们按顺序来讲述有关他的事情。

自从提里达特皈依基督以来，就显露了他所有的美德，并且为了基督的名，他的所言所行也愈来愈多。他责备和鼓励那些最优秀的亲王，同时也鼓励普通百姓，做一个真正的基督徒，用自己的行动来证实自己的信仰。不过，我要提一提我们这个民族，他们自始至终都是一群冷漠无情，或说得更恰当些，一群自命不凡的人。他们与善为敌，反对真理，天生自以为是，倒行逆施，违抗国王对基督教的旨意，但对妻妾却百依百顺。提里达特再也忍受不住了，他摘掉尘世的王冠，转而追求天国的王冠，不久，便来到了基督那神圣的隐居之所———一处山洞里，开始了在山中的隐居生活。

在此，我羞愧地说出真相，尤其是对于那些无法无天、不虔诚的人，他们的所作所为，令人悲叹，令人流泪。他们派人去请提里达特，并许诺只要他能管理这个国家，他们将遵从他的意愿。但是，当这位圣徒提出反对的时候，他们就用酒灌他，就像古代雅典人喂苏格拉底喝毒酒一样。也可以说是，以色列人恼羞成怒，给神灌了一种加了胆汁的烈酒（《马太福音》27:34，《约翰福音》19:29—30）。如此一来，圣光就和他们隔绝了。

所以，我就像保罗一样，为自己感到悲哀，也为基督十字架的敌人感到悲哀（《腓立比书》3:18）。但我所说的，并不是我自己的话，而是上帝的话（《马太福音》17:16，《路加福音》9:41）。悖逆的民族啊，痛苦的民族啊，你们的心不正直，心里不倚靠神。亚美尼亚人啊，你的心要刚硬到什么时候？你为什么这么自以为是，对上帝如此不敬呢？难道你不知道神已使他的圣徒荣耀？你若向他哭诉，难道他不肯倾听吗？你在气头上犯了罪，睡卧时却没有悔恨。你所献的贡物是非法的，却藐视那些寄希望于耶和华的人（《诗篇》4:3—6）。所以，有些陷阱是你自己都没有意识到的，在你不知不觉中，被你的猎物反咬一口，将你也拖入同一罗网之中。然而，被掳之人会靠耶和华快乐，靠他的救恩高兴，他会发自全身心地说："主啊，有谁能像你？"

既然这些事都是真的，那就让我们自求多福吧。基督说："如果他们这样对待青翠的树木，那枯萎的树木又会怎样呢？"（《路加福音》23:31）。如果连神的圣徒以及那些因神而卑微地离开宝座的人，尚且如此，那我们这些脱离了你的困境和贫穷的人，又能向神说什么呢？不过，我还是得说几句。你们谁能给我们提供食物？哪位神学家可以为我们祈祷？谁来给我们加油打气？当我们走在路上，谁替我们扛起重担？我们到了那里，谁会为我们提供休息？谁又来安排我们的住处？（《约翰福音》14:2）至于别的，我不想多谈，因为你无法阻止恶言恶语、愚昧无知和无谓的狂妄。但是，藐视智者的行为方式，就像火上浇油，会使无理行为超过巴比伦的炉火。

所以，就像《圣经》里说的，每个人都是他自己的祭司和牧师（《编年史2》13:9）。就像现在有许多人大谈神的事，却不明白神的力量，那些人不是按照圣灵的意愿而是按照他人的意愿说话。所以，他们说出的每一句话，都足以让任何一个心智正常的人为之震惊，为之恐惧。那是因为说话的人所说的是上帝和神圣的事，而说话人的心意却是指向别处。他既不想把话说得很明白，也不想像被教导的那样用一种"不让外面的人听见（参见《以赛亚书》42:2）"的谦逊温和的语气说话。为了人类的荣耀，他们会在人们耳边大声喊叫。正如古人所言，他们的喋喋不休如同泉眼喷涌而出，把广场上所有的醉鬼都惹怒。但凡有点理智的人，不都会为他们感到悲哀吗？如果没有人被冒犯，那么我要说，这是在鼓励他们这样做。我不想提及基督的说法：报仇必须要从正义的亚伯（Abel）的鲜血开始，一直到撒迦利亚（Zachariah）的鲜血，流血从神庙到祭台（《马太福音》23:35，《路加福音》第11:51）。

但是现在，我们不要再讨论这个问题了，因为我已经厌倦了在死者的耳边说话。但有关"提里达特"的传闻却是真实不虚的。他们给他服下了致命的毒药，使提里达特恩典的光芒从他们身上失去。提里达特执政长达56年之久。

第三章　亚美尼亚历史的结语

我们对亚美尼亚古代的历史没有什么研究，而且因为时间不够，我们也不可能把希腊的全部历史都研究一遍。同时，我们也没有狄奥多①的著作，而我们只有把注意力集中在他的著作上，我们才能无所不谈，才不会遗漏一些有意义、有价值的内容。不过，只要我们能够做得到，还是尽可能把亚历山大大帝之死到圣提里达特之死这段时间里发生的事情都如实记录下来，这些事情发生的时间很早，也很久远了。所以，请不要责怪我们，我们会一丝不苟地把发生在我们这个时代或者更早一些的事情原原本本地讲给你听。我们还会编第三部书，讲关于圣提里达特以后，安息一家被逐出国王宝座，圣格雷戈里的后代被逐出宗主国的事。我们将简明扼要地讲述这一段历史，以免有人被其华丽的辞藻所迷

---

① 狄奥多，即狄奥多罗斯·西库罗斯（公元前 21 年后去世），著有《世界史》。

惑，期望人们能从我们的叙述中发现真相，并认真研读我国的历史。

提里达特去世之后，弗特内斯大主教与三个王族发生了什么

提里达特去世时，弗特内斯大主教正在塔伦的圣约翰殉道堂里，这座教堂是他父亲修建的。在那儿，山上的居民受到几位亲王的唆使，密谋要杀害他。然而，他们却被一股不可抗拒的力量所束缚，正如从前以利沙时的情形一样，或如同我们主耶稣在世的时候，犹太人民被鞭笞的情形一样。弗特内斯没有受到伤害，平安到达了埃克雷茨省，回到了蒂尔城，那里是他兄弟阿里斯塔克斯埋葬的地方。他对因王室成员互相残杀而陷入混乱的亚美尼亚感到悲哀。那三个分别被称为"布兹努尼""马纳瓦泽安"和"奥杜尼"的王族，就这样彼此之间相互残杀，直至全部灭亡。

圣徒格雷戈里遭到野蛮人的杀害

蒙福的提里达特以极大的精力发起了一场信仰和道德生

活的运动，尤其针对那些生活在边远地区的人们。于是，来自东北地区边陲之城佩塔卡兰的统帅来到国王面前，说道："如果你想按这种信仰治理这片土地，那么就请派圣徒格雷戈里家的主教来吧，他们十分渴望得到一位主教。我们相信，由于格雷戈里及其后代的声望，我们一定会对他们尊敬有加，并且会遵从他们的吩咐。"蒙福的提里达特对此深信不疑，便指定弗特内斯的长子格雷戈里做他们的主教。虽然他觉得，他确实年轻，这样做有违教规，但是，看到他精神的高尚，想到所罗门在 12 岁时就成为以色列的国王（《列王纪》2:12），他就满怀信心地派了一位来自安息家族的名叫萨纳特鲁克的随从护送他去了。

一到那儿，格雷戈里就成了正直的楷模，按照神父的美德行事。但是，由于他的处男之身，所以他优越于他人，而且，在严格的戒律方面，他可以和国王媲美。然而，随着提里达特的死讯传来，萨纳特鲁克便与另外几个始终背信弃义的阿鲁安克人勾结在一起，在靠近里海的瓦特内安平原上，用战马活活踩死了这位蒙福的格雷戈里。格雷戈里的执事们把他的遗体带到了小休尼克，在阿马拉斯小镇上安葬了他。提里达特死后，萨纳特鲁克登基，他占领了佩塔卡兰城，并在外来势力的支持下，图谋对亚美尼亚全境控制。

大祭司巴库尔退出了与亚美尼亚人的同盟，而亲王们打算让库思老当国王

正如我们在神的历史中所见，在士师时代之后，希伯来民族陷入了一个没有君王的乱世，人人随心所欲（《士师记》21:24）。同样的情况也发生在亚美尼亚。在提里达特去世之后，伟大的亲王巴库尔（被称为阿尔兹尼人的大祭司），在目睹萨纳特鲁克统治佩塔卡兰后，也为自己做了打算。尽管他并非安息人，也并不想要统治，但他还是希望获得独立。为了帮助波斯国王奥尔米兹德，他放弃了同亚美尼亚的同盟关系。亚美尼亚的亲王们也注意到了这一情况，他们都聚集到弗特内斯大主教身边，并对这件事进行了认真思考，最后，他们决定派两位贵族——措普克的领主马尔和哈斯提安克的领主加格，携带礼品和书信前往国都，呈递给君士坦提乌斯皇帝，信件中写道：

> 弗特内斯大主教及其属下主教，及亚美尼亚诸位亲王，向吾王凯撒君士坦提乌斯致敬。
>
> 请谨记令尊君士坦丁与我们国王提里达特立下的誓约，决不将王国拱手让给不敬神的波斯人，所

以需要您的军队协助我们将提里达特之子库思老推上王位。因为上帝不仅让您成为欧洲的主宰，也让您成为整个地中海的主宰，对您的力量的敬畏已达天涯海角。我们希望您能够统治一个不断壮大的帝国。祝您健康。

君士坦提乌斯对此深表赞同，便派他的皇宫卫队总督安条克率领一支精锐，携带紫袍和王冠，以及一封书信，内容如下：

奥古斯都凯撒君士坦提乌斯皇帝，向弗特内斯大主教阁下以及您的全体同胞致意。

我已派遣一支军队支援，并已任命提里达特之子库思老为你们的国王，以便在政局稳定后，继续效忠于我们。祝您健康。

安条克的到来及其行动

安条克驾到后，立库思老为王，并任命了四名将军，这四名将军是提里达特在其导师阿尔塔瓦斯德·曼达库尼死后就已经任命过的，亚美尼亚曾经只有曼达库尼一人担任最高统帅和将军[1]。第一位是巴格拉特将军，担任西军统帅；第二位是格鲁吉亚亲王米赫兰，即古加克的大祭司，担任北军统帅；第三位是瓦罕，阿马图尼亲王，担任东军统帅；第四位是阿什图尼亲王马纳奇尔，担任南军统帅。安条克把军队分成几个部分，派遣马纳奇尔率领南军和奇里乞亚军到亚述和美索不达米亚，又派阿马图尼亲王瓦罕率领东军和加拉太军前往阿塞拜疆，以抵御波斯王。

安条克亲自统领米赫兰、巴格拉特和他的军队，同希腊部队一道，向萨纳特鲁克进发，只留下了身材矮小、骨瘦如柴、不适合战士身材的库思老国王。但是萨纳特鲁克在佩塔卡兰城布满了波斯部队之后，就与阿鲁安克的亲王们逃到沙普尔国王那里寻求庇护了。安条克见他们不肯和平地顺从，便下令洗劫叛军的领地。他亲自收完贡品后，便回去面圣了。

马纳奇尔对圣雅各布大主教所犯罪行及马纳奇尔之死

马纳奇尔率领亚美尼亚南军和奇里乞亚军队进入亚述地

---

[1] 参见第二章"提里达特在阿尔巴尼亚战争中的英勇，他将巴西尔国王砍成两半"。

区后，向巴库尔大祭司开战，并将其杀死，致使其军队和前来增援的波斯人落荒而逃。他俘虏了巴库尔的儿子赫沙，用铁链捆住送到库思老那里。他无情地将全国各省的将士和百姓，全部处死。他从尼西比斯地区抓了许多俘虏，其中就有雅各布大主教手下的八名执事。从那时起，雅各布就一直在向马纳奇尔施压，要求他释放这些无辜的普通战俘。但马纳奇尔以国王为借口不同意。

当雅各布向国王进言时，马纳奇尔更加恼怒，并在当地民众的怂恿下，命令把这八个被绑起来的执事抛入大海。雅各布大主教得知这一消息后，带着满腔的怒气返回教区，正如摩西离开法老一样（《出埃及记》11:9）。他爬上了一座可以俯瞰整个行省的高山，并诅咒了马纳奇尔及其行省。神的审判毫不迟疑地降临在马纳奇尔身上，他和希律王一样，受尽各种痛苦而死，灌溉的沃土也成了盐碱地（《诗篇》106:34），照《圣经》的说法，天空变成了古铜色（《申命记》28:23），而大海则与其本性截然相反，遮蔽了天与地。当弗特内斯大主教和库思老国王听说这件事之后，勃然大怒，下令释放囚犯，并以忏悔的态度恳求雅各布原谅，免得上帝发怒。雅各布离开人世之后，马纳奇尔之子及继承者以诚挚的忏悔、热泪与悲恸向雅各布祈祷，最终拯救了这个省份。

小库思老王朝的统治、宫廷的迁移以及森林的种植

在波斯国王奥尔米兹德在位的第二年和君士坦提乌斯大帝在位的第八年，在君士坦提乌斯大帝的帮助下，库思老登基为王。他非但没有表现出他父亲那样的雄才大略，甚至在希腊人攻陷了那个地方以后，也没有对叛乱的地区提出过什么异议。库思老遵从波斯王的意愿，与其和平相处，认为只需管理好自己的领土就可以了，根本不想做什么崇高的事业。尽管他个头很小，但他没有马其顿亚历山大那样矮小，亚历山大身高只有3肘①。而且，矮小的身材丝毫没有影响到他的心情。库思老并不在乎英勇和好名声，他只顾寻欢作乐，喜欢猎鸟和玩其他游戏。正因为如此，他才在靠近阿扎特河的地方种下了一大片树林，至今仍以他的名字命名。

他还将王宫搬到了森林高处的一个地方，在那里建了一座荫蔽的宫殿。在波斯人的语言里，那个地方叫杜因，翻译过来就是"山丘"的意思。那时，由于阳光直射阿瑞斯，酷热、腥臭和瘟疫之风扑面而来，住在阿尔塔什斯城的人难以

①约1.5米。

忍受，所以，他们欣然接受了这个改变。

在他那个年代，正当瓦罕·阿马图尼的英勇事迹大放异彩之际，我们遭到了北部诸国的入侵

在小库思老时期，由于北高加索人认识到了他的软弱无能，尤其受到了波斯国王沙普尔的暗中授意，又被萨纳特鲁克引诱，他们便团结在一起，大举入侵我国，人数约为2万。在这场战争中，北高加索人受到东线和西线亚美尼亚军队的夹击，统帅是加冕官巴格拉特和阿马图尼亲王瓦罕，而我们的北军在措普克境内，同库思老陛下并肩作战。敌人杀死了米赫兰，削弱了我们的北军力量，迫使我们士兵一路败退。追兵在抵达瓦拉尔沙帕特城门后，将城池团团围住。但是，我东军和西军突然袭击了他们，令他们措手不及，迫使他们退回阿瓦沙坎①的山岩上，根本不给他们像往常那样的射箭机会。我们勇敢的骑士迅速而坚决地把他们赶到了崎岖多石的窘地。

敌人终于勉强收缩了战线。他们的长矛兵统帅，一位令

---

① 阿瓦沙坎：位于埃姆卡茨尼北部的一个村庄。

人望而生畏的全副武装的巨人，全身裹着毛毡，正向军队冲来。那些勇敢的亚美尼亚士兵虽然对他虎视眈眈，但在他们用长矛刺向他的时候，却被毯子挡在一边，没有伤到他分毫。这时，勇敢的瓦罕·阿马图尼朝教堂的方向望去，说道："上帝啊，帮帮我吧，您引导大卫的石块击中了傲慢的歌利亚（Goliath）的额头（《列王纪1》17:49）。也请指引我的长矛刺中这位勇士的眼睛吧。"他的要求没有落空，他将那个令人畏惧的庞然大物吓得敌人落荒而逃，亚美尼亚人士气大振，大获全胜。巴格拉特从那里返回乔普克的领地后，成为一位忠心耿耿、毫无妒忌之心的见证者，他向国王讲述了瓦罕的英勇事迹。于是，国王把战斗的地点阿瓦沙坎赐给了他，他曾在那里自发地、勇敢地表现出了自己的英雄气概。在米赫兰的位置上，他任命霍尔霍鲁尼亲王加尔乔伊尔·马尔哈兹掌管军队。

亚美尼亚波斯之战与库思老之死

后来，库思老发现波斯国王沙普尔是在助纣为虐，便与其决裂，拒绝向其提供特别贡品，转而交给罗马皇帝。他曾领导希腊军队对抗波斯王，但不久便死了，仅仅在位9年。

他被送往阿尼公墓，葬在他父辈中间。作为国王之后最显赫、最受尊敬的人，弗特内斯召集了所有亚美尼亚亲王以及他们的部队和将军，把亚美尼亚的领土托付给了阿沙维尔·卡姆萨拉坎（属于卡伦家族）。接着，他同库思老的儿子提兰一道前往罗马皇帝那里，请求允许提兰接替他的父亲库思老，继任亚美尼亚国王。

但是，波斯王沙普尔听说了库思老的死讯，又得知其子提兰前往拜会罗马皇帝的消息后，就集结了一支庞大的军队，让其兄长纳尔斯做统帅，想让他来当亚美尼亚国王，他认为亚美尼亚现在群龙无首，于是就派他们趁虚而入亚美尼亚。但是，他们在穆鲁尔平原遭到了勇敢的阿沙维尔·卡姆萨拉坎和他的亚美尼亚军队的强烈抵抗。这一战，虽然不少大贵族阵亡，但亚美尼亚人还是大获全胜，将波斯人击退，一直坚守到提兰的到来。

提兰的统治，弗特内斯大主教的陨落，圣徒尤西克继承教主之位

君士坦丁之子奥古斯都君士坦提乌斯在其统治的第17年立库思老之子提兰为亚美尼亚国王，派他随同弗特内斯大

主教返回了亚美尼亚。提兰一回到亚美尼亚就同波斯签订了和平协议，以和平的方式控制了我们的领土，而不是发动战争。他向希腊人和波斯人上交贡品，就像他的父亲一样，过着平平淡淡的安逸的生活，没有显露出任何的勇武。他也没有继承父辈的美德，而是暗地里抛弃了一切宗教信仰。由于弗特内斯大主教的缘故，他不能光明正大地为邪恶效力。

弗特内斯大主教担任主教 15 年后，于提兰在位的第 3 年辞世。按照国王的吩咐，他被带到托丹村安葬①，就好像他能预知到，在很久以后，他父亲的遗体也会安放在那里一样。提兰在位的第四年，弗特内斯大主教之子尤西克继任教主之位，他确实继承了父亲的美德。

君士坦丁与沙普尔之战

但是，奥尔米兹德之子沙普尔②不仅与提兰国王交好，而且给了他很大的支持和帮助，使他免遭北方诸国的进攻，北方诸国曾结成同盟，占领了乔尔关隘，并在阿尔巴尼亚边境

---

① 参见第三章"提兰的统治，弗特内斯大主教的陨落，圣徒尤西克继承教主之位"。
② 沙普尔二世，公元 309—379 年在位。

驻扎了 4 年之久。沙普尔也曾征服过许多蛮族国家，并使他们团结在一起。之后，他又向地中海沿岸国家和巴勒斯坦发动进攻。但是，君士坦丁在任命朱利安成为凯撒之后，就开始武装对付波斯人。但双方打起来都损失惨重，没有赢家。不过，两国并没有继续为敌，而是达成了协议，在接下来的几年里两国一直相安无事。君士坦丁自波斯归来后，久病不愈，最终于奇里乞亚的莫斯普西亚城去世，在位 23 年。在他在位的时候，圣西里尔时代那个闪耀着光辉的十字架就已经出现了。

提兰与朱利安会合并交付人质

那时，朱利安是个无信者，他成了希腊的皇帝①。他不信上帝、拜偶像、迫害教会、制造骚乱，企图用各种方法毁灭基督教。但是，他并不以强制方式引导信仰，而是以欺骗性的手段废止基督崇拜，使人们信奉魔鬼。为了抵抗波斯人的侵略，他穿过奇里乞亚来到美索不达米亚。波斯军队在这一地区布防，切断了连接幼发拉底河上船桥的缆绳，阻止了渡河行动。

---

① 朱利安在 361 年至 363 年间担任皇帝。

　　　　　　　　　　　❖ 亚美尼亚史

随后，提兰国王亲自驾临与朱利安会合，向波斯军队发起进攻，将其击溃。提兰继续为朱利安效劳，带着一群骑兵护送无信的朱利安渡过了幼发拉底河，赢得了朱利安的尊重。

提兰以不会骑马为由，请求朱利安不要带他到波斯。朱利安答应了，不过，他向提兰索要了一支部队和一批人质。提兰把次子阿尔沙克留在身边，然后将老三提里达特、提里达特的妻儿以及已亡长子阿尔塔什斯的孙子提立特交到了朱利安手里。朱利安接受了这些人质，并立刻将他们送往拜占庭。他派提兰回自己的国度，并把刻有自己雕像的石板交给提兰（石板上还刻有其他各种恶魔形象），并下令将它竖立在教堂的东头，并说，凡是罗马帝国的附属国都要这样做。提兰同意了并将石板带回，但他并没有意识到，通过欺骗，这些恶魔将会被人们奉为神明。

圣徒尤西克和丹尼尔的殉道

提兰返回措普克省后，要把那块石板放进自己的王室教堂。但是，圣徒尤西克却一把夺过石板，摔在地上，用脚踩得粉碎，并提醒国王这不过是个骗局。提兰对他的警告没有理会，因为他很忌惮朱利安，担心被那位希腊国王以亵渎君王之名斩杀。圣徒尤西克对他越来越多的指责让他愈来愈不满，于是下令用皮鞭狠狠地抽打他，直至把他活活鞭笞至死。

圣徒尤西克死后，提兰受到了年迈的祭司丹尼尔的咒骂，这位祭司以前是圣徒格雷戈里的信徒和仆人。于是提兰便下了命令，将他活活勒死。丹尼尔的追随者将他的遗体运回托丹村，安葬在他的隐居之所"白蜡树园"①。而尤西克的遗体则与他的父亲并肩躺在一起，至此，他担任主教有6年之久。

提兰被沙普尔所骗并被弄瞎双眼

经过这一切，无信的朱利安终于得到了应有的惩罚，肠子受了重伤，死在了波斯。他的军队回来了，约维安成了皇帝，但是他没有抵达拜占庭城，就在半路上死去了。波斯王沙普尔紧随其后，给提兰写了一封信，骗他去见他，信中写道：

> 最英勇的马兹达教信徒，与太阳齐名的万王之王沙普尔，想念我的好弟弟，亚美尼亚国王提兰，并致以崇高的敬意。

---

① 白蜡树园：位于阿什提沙特。

　　　　　　　　　　　　　　❖ 亚美尼亚史

我们深信，您对我们的感情是坚定不移的，因为您没追随皇帝前往波斯，反而将从您手中夺走的部队召了回来。我们很清楚，你们首先做的就是阻止他穿越你们的国境，而他也正准备这么做。所以，当我们的边境部队丧失了信心，撤走的时候，他们就指控是你造成的。所以，我们盛怒之下，让边境部队的将领喝下了牛血。我等绝不侵犯贵国半分，吾等愿以米尔①（Mihr）之名起誓。请您速来，咱们好好商量一下，大家都有好处。

　　提兰一见这封信，就被正义感驱使着前往报应之地去见沙普尔。但沙普尔却当着他的将士面侮辱他，并像古时的西底家一样，弄瞎他的双眼（《列王纪2》25:7）②。按照《圣经》中所述，为了那位给我们大地带来光明的圣人，合理的报应是理所当然的，正如福音书所说，"我是世界的光"（《约翰福音》8:12，9:5）——提兰剥夺了亚美尼亚的光，所以他在统治了11年后也失去了光明。

---

①"米尔"是古波斯宗教——索罗亚斯德教中的一位神祇，是契约、誓言和友谊之神。他也与太阳和光明有关。
②西底家是犹大国的国王，他在巴比伦人占领耶路撒冷后被他们致盲。

沙普尔立阿尔沙克为王并入侵希腊

沙普尔立提兰之子阿尔沙克继承王位。由于担心亚美尼亚军队会妨碍他的行动，沙普尔觉得应该以仁慈的方式来稳固自己的领土。他也从亲王手中带走人质，以此逼迫他们服从命令。他委任其朋友休尼克的瓦利纳克取代瓦罕·阿马图尼统帅亚美尼亚东部军队，并把亚美尼亚交托给他，自己则亲自追击希腊军队。到了比提尼亚以后，他就在那里扎营，整日无事可做。他在海边立了一根柱子，柱子上面放着一只狮子，狮子的脚下放着一本书。由此可见，正如雄狮是最有力的动物，波斯君王也是最有权势的王；正如书中有智慧，罗马帝国同样拥有智慧。

阿尔沙克对罗马皇帝的蔑视

当时，北方诸国发生叛乱，反对波斯王沙普尔。罗马皇帝瓦伦提尼安 ① 派兵攻打安纳托利亚，击退了波斯军队。接

---

① 瓦伦提尼安，公元 364—375 年在位。

着，他又向我们的阿尔沙克陛下致函：

> 与我们的同僚兼共治皇帝凯撒瓦林斯[①]一起，奥
> 古斯都瓦伦提尼安问候亚美尼亚王阿尔沙克。
>
> 您一定要记得不信神的波斯人对你们所造成
> 的灾难，还有你们曾经从我们那里获得的恩惠。
> 所以，您应当远离他们，向我们靠拢，和我们的
> 军队并肩战斗。我方将领给我写了一些赞赏你的
> 信，您应该带着贵国的贡品前来。到那时，令弟
> 和与他一起逃亡的人，就可以获释了。愿您为罗
> 马帝国效力。

不过，阿尔沙克对此并未作出答复，反而对信使冷嘲热
讽。他对沙普尔的支持也不是真心的，他整日空虚地饮酒作
乐，纵情声色。他表面看起来比阿喀琉斯更勇敢，更高贵，
但事实上，他更像一个跛脚的、尖翘脑袋的忒耳西忒斯。诸
亲王都背叛他，直到他为自己的骄傲付出了代价。

---

① 瓦林斯，公元 364—378 年在位。

圣徒纳尔西斯和他创造的美好社会

　　阿尔沙克在位第三年，圣徒纳尔西斯成为亚美尼亚大主教。他是阿特阿纳奇斯的儿子，也是尤西克的孙子，弗特内斯的重孙，圣格雷戈里的曾孙。他离开拜占庭，回到了凯撒利亚，后又到了亚美尼亚，在那里，为了复兴他的先祖们所建立的正义事业，他继续努力。他之所以这样做，是因为他在希腊，特别是在王城中，见过美好社会，便在此地效法。他召集主教和教友，以教规培育仁爱，根除亚美尼亚民族天性中非人道的根源。在这里，麻风患者被律法视为不洁而受到迫害；而那些患有象皮病的人为了防止把病传染给他人，只好逃亡。他们只能隐居在荒无人烟的荒野中，或隐于山石林中，无人可以慰藉。而且，瘫痪之人受到冷落，无名旅者和外乡之人被拒之门外。

　　于是，他下令，在各省边远的地方，按照希腊医院的模式建立济贫院，救济受苦受难的人。他还给他们留出许多城镇和农田，那里盛产水果、牛乳和羊毛，只要纳税，这些东西就能满足他们的需求，而且被收容的人也不用离开他们当前的住所。他将这个任务交给了一位名叫哈德的人，他是从卡林草原上招募的执事。他还命令，每个村庄都要盖房子，供外乡人居住，给孤儿寡母、年迈之人提供安息之所，为穷人提供帮助。他还在沙漠和荒原为隐士建造庙宇、修道院和独自修行的小屋。他任命了沙布塔、埃皮法尼乌斯、埃弗拉姆以及斯尔库尼家族的金德等等，担任上述机构的牧师和管理者。

他废除了贵族家系的两项俗规：第一，近亲通婚制，这是为了约束贵族纯洁性而实行的；第二，他们在异教习俗中对死者的不耻行为。从此，人们可以看到，我们的民族已经不再是一群未开化的野蛮人，而是一个有教养的礼仪之邦。

阿尔沙克的兄弟提里达特被杀，纳尔西斯大主教前往拜占庭，带着人质返回

罗马皇帝瓦伦提尼安对违法乱纪者，态度严厉，令人望而生畏。为此，他杀了许多王公大臣，因为他们的强盗行径。他还将一位名叫罗达努斯的大总管活活烧死，由于他三次发出命令，罗达努斯都不肯归还他从一位寡妇身上抢来的东西。也是在这一天，他派往亚美尼亚的使者回来了，他们向他报告了阿尔沙克对他的侮辱，这让他更加恼怒。当时，

他无法遏制心中怒火，于是下令处死阿尔沙克的兄弟提里达特，也就是年幼的格涅尔的父亲，并命令狄奥多西率领一支大军攻打亚美尼亚。

狄奥多西的军队抵达亚美尼亚边境后，阿尔沙克大为惊恐，立即派纳尔西斯大主教与他会面。为了求得和解，他付清了所有拖欠的贡品，并让纳尔西斯大主教带上一份厚礼。纳尔西斯大主教一到，就劝说瓦伦提尼安皇帝握手言和，他也因此受到皇宫高规格的接待。纳尔西斯大主教还接收了他想要的人质，然后返回亚美尼亚。同时，他还给阿尔沙克带回了一位王族女子奥林匹亚斯做他的妻子。由于无故杀死格涅尔的父亲提里达特，皇帝给予了格涅尔特殊待遇，授予他执政官的称号，还赏赐了他大量的财富。然而，提立特却妒忌格涅尔，一直在暗中谋划着要置他于死地，只待时机成熟。

阿尔沙克和格涅尔之间的争端以及提兰之死

如今，格涅尔来到了坐落在阿拉加茨山麓的库阿什城，去见他失明的仍然健在的祖父提兰。提兰为他的儿子提里达特，也就是格涅尔的父亲痛心疾首，认为自己对他的死负有责任。于是，他将自己所有的财产，连同他所有的村庄和土地，全部交给了格涅尔，并命他也住在库阿什城中。于是，格涅尔娶了西尤尼家族的一位名叫帕朗泽姆的女孩为妻。他举行了盛大的婚礼，并给所有亲王都送了礼品。这些亲王都很高兴，对他非常友善，还把自己的孩子送到他那里。他欣然接受了这些好意，并给孩子们装备上了兵器和服饰，这让他们更加爱戴他了。

提立特在这里找到了诽谤的借口。他把自己的好兄弟瓦尔丹带来见国王阿尔沙克，瓦尔丹不过是国王的侍从，出身于马米科尼扬家族，他们对国王说："您难道没有意识到格涅尔正在密谋杀害您，以取替您的位置吗？陛下，看看证据吧。格涅尔现在已经迁居到了阿拉拉特，也就是你们王室的地盘上，诸位亲王都已归顺于他。因为罗马皇帝给了他一个行政长官头衔，给了他一大笔财富，他就用这些钱财来收买诸王。"瓦尔丹以国王的太阳起誓道："我亲耳听到格涅尔说：'我决不放弃向叔父复仇，因为他就是害死我父亲的罪魁祸首。'"

阿尔沙克对此深信不疑，便派瓦尔丹去见格涅尔，问他："你怎么会违反习俗，跑到阿拉拉特来住？"因为按照惯例，国王通常只能和一个儿子住在阿拉拉特，并由他来继承王位，其余的安息人将生活在哈什坦、阿利奥维特、阿尔伯兰省享受王室的福利与税收。"现在你必须做出选择，要么接受死亡，要么离开阿拉特，让诸王的儿子们离开你。"格涅尔听到这话，就遵从了国王的命令，往阿利奥维特、阿尔伯兰省去了。但是，他的祖父提兰却对儿子阿尔沙克的做法大加指责，为此，在国王的命令下，提兰被自己的侍从秘密地勒死了。他被埋葬在库阿什城，不配葬在列祖列宗的墓地。因为他替《圣经》里的丹尼尔赎了罪，所以按《圣经》所说的，他受到了审判（《马太福音》7:2，《马可福音》4:24，《路加福音》6:38）。

阿尔沙克对格涅尔再生妒意并将其杀害

阿尔沙克国王越过马西斯山，前往他所钟爱的科加约维特省①去狩猎。这里的猎物实在太多了，阿尔沙克一边痛饮，一边夸口说，从来没有哪个君王能在一个钟头内捕获如此多的动物。借此机会，提立特和瓦尔丹又开始编造谎言，声称格涅尔在自己的"沙哈皮万"②山上捕猎到了更多的野味，而那座山头是他外祖父格涅尔·格努尼传下来的。闻听此言，

---

① 科加约维特，阿拉拉特省的一个地区，位于凡湖和阿拉克斯河之间。
② 沙哈皮万：阿拉拉特的一个城镇，位于阿拉克斯河南边。

阿尔沙克就给格涅尔写了一封信：

　　　　阿尔沙克，伟大的亚美尼亚王，向吾儿格涅尔
　　问好。

　　　　请你到查利克山①去，去找那些树木茂盛、水源
　　充沛、野味丰富的地方，做好准备，等我们到了那
　　里，就可以找到配得上君王的猎物了。

　　阿尔沙克在写信后没多久就赶往查利克山。他想，一旦
发觉格涅尔没有遵从他的吩咐，就有借口逮捕他，理由是他
辜负了国王的欢心。可是，他到了查利克山后，发现自己
从未见过如此之多的猎物，心中不免充满了妒恨和猜忌，于
是，他下令瓦尔丹把格涅尔当作失手的靶子去打死。瓦尔丹
领命而去，立即照办，与其说是奉了国王之命，还不如说是
奉了好友提立特之愿。随后，阿尔沙克及其亲王们把格涅尔
的尸体运到了阿利奥维特平原，将其埋葬在扎里沙特皇城，
并假惺惺地痛哭流涕。

―――――――――

① 查利克山，位于凡湖的正北方。

阿尔沙克如何厚颜无耻地娶了格涅尔的妻子并与她生下了帕普

尽管阿尔沙克打算秘密地完成他的恶行，却没能逃脱神的法眼，提兰与格涅尔之死，还是暴露在世人面前。包括纳尔西斯大主教在内，每个人都知道了真相，他咒骂罪魁祸首阿尔沙克。他坐在那里哀哭多日，就像萨缪尔为扫罗哀哭一样（《列王纪1》15:3）。但阿尔沙克毫无悔改之意，反而肆无忌惮地掠夺死者的财产，甚至娶了格涅尔的妻子帕朗泽姆，还生了一个儿子，名叫帕普。

这位帕朗泽姆的所作所为实在是太过匪夷所思，甚至可以说是骇人听闻，足以令任何听闻此事的人为之胆寒。她觊觎王后之位，于是就利用一名虚伪的祭司，在一张保命的药方里掺了剧毒，给阿尔沙克的原配夫人奥林匹亚斯服下，将其谋杀。她还唆使阿尔沙克杀死瓦利纳克，并由她的生父安条克取而代之。

提立特之死

当沙普尔和北方诸国握手言和，脱离了战火之后，却对阿尔沙克表示了不满，因为这些年来，阿尔沙克一直在向罗马皇帝进贡，而不是向他进贡。了解到这些情况后，阿尔沙克就派提立特和提立特的好友瓦尔丹去见沙普尔，并送上厚礼，希望能与沙普尔修好。而此时，沙普尔正想为过去的战役复仇而对希腊发动一场战争，于是，要求阿尔沙克率领整个亚美尼亚军队与他一同出征。不过，阿尔沙克不愿意亲自前往，于是，就找了个借口，派出一小队人马跟随沙普尔。

阿尔沙克对提立特出使不利感到很愤怒，于是，将其革职，似乎是提立特怂恿沙普尔这么做的，毕竟提立特与希腊有着血海深仇。阿尔沙克的一名随从瓦萨克对自己的亲兄弟瓦尔丹居然有了一个小妾，嫉妒不已，所以他不断向阿尔沙克进谗言。于是，阿尔沙克对提立特与瓦尔丹进行了羞辱与刻薄地训斥。二人实在是受不了这等羞辱，便去投奔沙普尔。这一下，彻底激怒了阿尔沙克，当即下令瓦萨克率大军前去追杀，不管在什么地方，只要抓住，一律杀无赦。即使瓦尔丹是自己的亲兄弟，瓦萨克还是毫不犹豫地完成了这项任务。真的是应了内雷斯的诅咒，格涅尔无辜的鲜血终于换来了提立特和瓦尔丹的报应。

沙普尔在提格兰纳克特的惨败

沙普尔军队抵达提格兰纳克特城时，休尼克亲王，也就是提格兰纳克特城的总督和阿尔沙克的岳父安条克，命令抵抗沙普尔，城里百姓纷纷应征入伍，誓死保卫提格兰纳克特城。休尼克亲王命令堵住城池入口，而且既不派使者去见沙普尔，也不接待沙普尔的使者。那一仗打得很惨烈，波斯人死伤惨重。沙普尔的军队战败，退回到尼西比斯。他休整了一下军队后，开始再次尝试攻占提格兰纳克特城。但他的先头部队和斥候部队阻止了他，因为他们认为这次进攻行动将会失败。于是，沙普尔在给提格兰纳克特城写了一封如下的信后，继续前进。

马兹达教信徒的第一勇士，万王之王沙普尔，谨向提格兰纳克特城的子民们致敬，从今往后，吾等将不再以"雅利安人"或"非雅利安人"来称呼你们。

我愿以你们为起点，把我所经过的每一座城邑变成安宁与崇高的自由之地。假如你们充当先锋，

我倒不想说你们有多英勇，而是说你们在我前进的
道路上首先跟我作对，那么其他人也会跟着反对
我。但当我再次归来时，我将用我的怒火，将你们
彻底摧毁，让你们再次成为那些狂妄而顽固之人的
前车之鉴。

阿尔沙卡万是如何建立和毁灭的，阿尼是如何被夺走的

然而，阿尔沙克却更加大胆，他做出了一个完全没有任何
道理的举动。在玛西斯山的后面，他建造了一座城，取名阿尔
沙卡万，用来收容罪犯，并颁布法令，凡是在此避难和居住的
人，一律免于法律的制裁。一时间，整个山谷都是人山人海。
受托人、债主、奴隶、违法者、小偷、杀人犯、离婚者和其他
这类人都逃到这里避难，而且没有任何惩罚或调查。亲王们经
常对此抱怨，但阿尔沙克却置之不理。最后，他们向沙普尔告
状。沙普尔从希腊返回后，便派出一位将军率领一支亚美尼亚
军队去抓捕阿尔沙克。他们努力寻找机会把他拿下，但后来阿
尔沙克逃往高加索，加入了格鲁吉亚军队。

这位波斯将军到达亚美尼亚后，就在几位亲王的协助下
攻占了阿尼要塞，并洗劫了王宫里的一切，包括国王的遗

骸。我无法断定，这是对阿尔沙克的侮辱，还是对某些异教徒的诅咒。后来，贵族们向他们讨要了这具骸骨，将其葬在阿拉加茨山脚下的阿尔茨克镇。不过，他们已经无法辨别这具骸骨是异教徒还是信徒的尸骨了，因为掠夺者已经把他们混在一起了。所以，人们认为他不配葬在瓦拉尔沙帕特城的圣徒安息地。

亚美尼亚王公们联手攻打阿尔沙卡万王城时，他们杀死了所有的男人和女人，只留下那些尚未断奶的婴儿，因为每个人心中都对阿尔沙克的奴隶和逃到这座城里的罪犯充满了仇恨。纳尔西斯大主教虽然很快就得到了消息，但没能在屠杀之前赶到现场，等到屠杀结束之后，他才发现那些被杀者的孩子们被捆绑着抛在一边，好似已经远逃了的敌人丢下的孩子。纳尔西斯大主教吩咐把他们释放了，并放在篮子里，送到马厩去，还安排了看护，让他们好生照料这些孩子。后来这个地方变成了一个小镇，人们便称它为"篮子"。

提格兰纳克特城被占领并被彻底摧毁

当沙普尔到达提格兰纳克特城时，城里的人又一次加固了城防，并爬上城头高喊："滚开，沙普尔，否则我们会给你们带来比第一次更大的灾难。"沙普尔回应道："亚美尼亚勇士们，别把自己锁在提格兰纳克特城头上高声叫嚣，真正的勇者应该在旷野上作战，这才是男子汉的特征，而只有女人才会因惧怕即将来临的战争把自己锁在墙内。"他转过身来，对俘虏的希腊士兵说："我若能在你们的帮助下攻下此城，就放你和家人一条生路。"说着，他命波斯士兵围城放箭。

希腊军队大举逼近，将所谓的"驴子"紧贴着墙。这是一种能破坏地基的机械，需要三个人推动，机械上面装有斧头、双刃砍刀和镐头。就这样，希腊士兵把机械推到了提格兰（海克的后裔）筑起的那道牢固城墙边。他们放火烧了城门和围墙，还放箭、扔石头、投掷长矛，我方军兵被打得伤残累累，晕头转向。之后，敌军全部进城，波斯士兵不知疲倦地挥舞着屠刀，直至大地被我方将士的鲜血浸透。顷刻间，希腊人把所有木屋付之一炬。沙普尔俘虏了那些幸存者，将他们带回了波斯。接着，他派出一名信使前往亚美尼亚，命令驻扎在那里的军队消灭休尼克家族。

阿尔沙克对其贵族的战争，帕普到拜占庭当人质

在与希腊人缔造和平的同时，沙普尔又一次遇到了来自

同一些民族的麻烦，正如谚语所说的"取而代之的是彼此的改变"：这一方的和平换来了那一方的动乱，然后那一方的和平又换取了这一方的动乱。一方的结束就是另一方的开始。瓦伦提尼安在伯吉提翁城堡病逝，他的兄弟瓦林斯继位。在与哥特人的一场非常成功的战争中胜利归来后，瓦林斯立即派遣一支军队前往美索不达米亚和亚美尼亚，为沙普尔提供武装支持。

但是，阿尔沙克率领一支格鲁吉亚军队，聚集了他仅有的几名支持者，向这些贵族发起战斗，以报阿尔沙卡万城之仇。在卡姆萨尔之子纳尔斯的带领下，贵族们联合起来对抗阿尔沙克。一场恶战在这里展开，双方都死了不少人，但英雄对英雄，谁也不肯认输。也正是在这个时候，罗马帝国大军杀了过来。后来，阿尔沙克发现，沙普尔、瓦林斯以及他麾下的贵族都视自己为敌人，他已成为人人唾弃的对象，于是便向纳尔西斯大主教再三发出恳求，只要他愿意来帮助他摆脱希腊人的魔掌，他就会洗心革面，听从纳尔西斯的吩咐，并将披麻戴孝忏悔。来自贵族们的类似恳求接踵而至，同样劝说纳尔西斯大主教。甚至主教们也聚集起来，恳求纳尔西斯不要对自己主教区的毁灭无动于衷。

纳尔西斯大主教最终同意了他们的恳求，从中斡旋并达成了和平。阿尔沙克国王和贵族们都开始听命于纳尔西斯大主教，但阿茨鲁尼亲王梅赫鲁扬和他的小舅子瓦罕·马米科尼扬例外，二人对此毫不理会，他们背叛了国王，投奔了沙普尔。但其他贵族们都签订了契约，约定从今往后，国王会公平地统治，他们会忠实地为他效劳。这就是他们之间的约定。但纳尔西斯大主教却前往希腊军队，带着贡品，以及阿尔沙克之子帕普及其他贵族之子作为人质，恳求他们不要伤害亚美尼亚，然后返回。德高望重的狄奥多西将军应允了，带着纳尔西斯大主教和人质回到了罗马皇帝面前，并带来阿尔沙克写给他的信。内容如下：

> 大亚美尼亚王阿尔沙克以及亚美尼亚民族的诸位亲王，向伟大的奥古斯都瓦林斯陛下以及令侄格拉提安[①]致以最崇高的敬意。

> 陛下，请不要认为我们是出于对您的仇恨而叛变，或者自恃实力强大，就敢派人到您的希腊帝国去劫掠。我们知道你们当中发生了一场巨大的灾祸，使我们对沙普尔心存畏惧，于是就派了几个兵

_____

① 格拉提安，罗马皇帝，公元367—383年在位，是瓦林斯的侄子。

丁前去协助他，除非有人能把我们从他的魔掌里解救出来。不过，那不是我的心愿。恰恰相反，我始终对您忠心耿耿。所以，他毁掉了这个国家，把它据为己有，甚至还挖出了我们先祖的尸骨。所以，求您领受我们所做的一切，并坚定您先前对我们的爱，如此，我们才能继续忠心耿耿地为您效力。

但瓦林斯既没读这封信，也没接见纳尔西斯大主教，而是下令要将他放逐并将所有人质处死。

纳尔西斯大主教被放逐，偶然登上一座荒岛并得到上天的眷顾

当时，拜占庭主教的宝座上坐着的是圣灵斗士马其顿尼。当皇宫传出一道旨意说"因为纳尔西斯大主教是一个骗子并背叛了皇帝，所以要流放"时，一些阿里乌斯教派的异教徒就来到纳尔西斯身边说："只要您与我们一同宣誓效忠，我们的神父马塞多尼乌斯就会拯救您。"但是他还是拒绝了，于是他就被流放了。这次冬天里的流放航行遇到了凛冽的寒风，这股寒风把小船刮到了一个荒无人烟的小岛上，船也被

刮得支离破碎。破碎的小船再无法在海峡中航行，水手们只能靠树根为生。然而，由于神的眷顾，8个月以来，一直能吃到从海中跳出的活鱼。但是，帕普和其他人质都接受了阿里乌斯的信条，于是马其顿尼就把他们救了出来。

阿尔沙克对贵族的屠杀以及哈德主教的生平

在纳尔西斯大主教被放逐的那段时间里，阿尔沙克为报阿尔沙卡万城之仇，违背了和贵族们之间的一切约定。由于对阿尔塔格克要塞及其首都埃鲁安德城的觊觎，他屠戮了众多贵族，尤其对卡姆萨拉坎家族（属于卡伦家族）更是斩尽杀绝。他假意要奖赏他们，将他们全部召入阿尔马维尔荒废的王宫，假装视他们为自己的亲人，却下令将他们全部处死，不分男女老幼。除了阿沙维尔的儿子斯潘达拉特之外，没有人能逃过此劫。斯潘达拉特能逃过此劫，是因为他的一位安息夫人与叔父纳尔斯发生了口角，她搬到了的祖先土地塔伦和哈什坦地区，正因为如此，屠杀发生时，他有幸没在场。但是，当他得知这一噩耗后，便带着儿子沙瓦什和加扎丰以及全家逃到了希腊。

在纳尔西斯大主教前往希腊之前，他就已经任命执事哈德担任巴格雷万德和阿尔沙鲁尼克的主教，要他照看全国的事务，直至他本人归来为止。这个哈德和纳尔西斯大主教有几分相似之处，对贫民的关心甚至超过了他。正如以利亚和以利沙所处的年代一样，他的谷仓总能奇迹般地填满粮食。他批评国王时，也是威风凛凛，无所畏惧，撒旦对他都无可奈何，但只有一点例外，那就是他对衣服太讲究，对马匹也太偏爱了。因为这件事，他受到了他所指责的那些人的责难和嘲笑。从那以后，他再也不穿花里胡哨的衣服了，而是穿着一件粗布的毛衫，骑着毛驴四处游历，直至去世。

阿尔沙克侮辱蒙福的哈德并对其处以石刑以报复他对自己错误的指责

阿尔沙克在卡姆萨拉坎一家人被屠戮一空后，下令将他们的尸体扔在地上，作为猎犬的食物，而不是掩埋。他自己就仿佛打了一场漂亮的胜仗，日子过得很快活。他吩咐把所有的补给都集中到阿尔马维尔去。为了储放这些物资，在纳赫恰万村子里挖了两个又深又宽的坑，然后他们用本村的马车将物资运到村里来。但是，当车夫们看到沟渠两边被野兽啃食过的人类骨头时，便询问是怎么回事，结果得知，原来那些都是他们主人的遗骨。于是，他们把尸体装上车，再用芦苇覆盖，运到村里，埋在和装物资的同一个坑里。阿尔沙克知道了这件事，下令将车夫吊在土坑上方的绞刑架上。

哈德原本并不在场，此时跑过来对着国王劈头盖脸地就是一顿咒骂。阿尔沙克下令将他拖倒在地并施以石刑。因为他女婿的兄弟们也在场，这些勇猛的阿帕胡尼家族诸位亲王，拔出佩剑，把虐待哈德的人打了个半死，抢走哈德，然后回到了他们自己的省。阿尔沙克躲在暗处观察，对此没有反抗，他害怕引起其他贵族的反叛。

狄奥多西大帝的统治以及有关反圣灵斗士的会议

瓦林斯皇帝如愿以偿，在这里受尽永生地狱的煎熬，最终在哈德良堡要塞被活活烧死，狄奥多西登上皇位[1]。随后，他下令拆毁了拜占庭所有供奉太阳神、阿尔特弥斯和阿芙罗狄蒂的庙宇，而这些庙宇在圣君士坦丁在位时仅仅被勒令关闭。他还下令拆除了大马士革的寺庙，将其改建为教堂，并对黎巴嫩著名建筑——赫利奥波利斯神庙如法炮制。

---

[1] 狄奥多西一世，罗马皇帝，也称"狄奥多西大帝"，公元379—395年在位。

狄奥多西将那些因信奉正统教义而被流放到矿区的神父重新恢复了地位，其中就包括被狄奥多西大帝带往拜占庭去见马其顿尼的纳尔西斯大主教。狄奥多西一直对马其顿尼保持着极大的敬仰，直到他确信马其顿尼犯下了亵渎神灵的罪行为止。因为马其顿尼不承认圣灵是神，不配与圣父、圣子一同崇拜、颂扬，而认为圣灵与神的本性格格不入，是创造物、是仆人和牧师、是力量而非个人存在。神父们齐聚拜占庭的皇城：有来自罗马的达马苏斯、君士坦丁堡的尼克塔、亚历山大的提摩太、安条克的梅勒提乌斯、耶路撒冷的济利禄、尼萨（Nyssa）的格雷戈里、凯撒利亚的格拉修斯、纳齐安斯的格雷戈里、伊科乌姆的安菲罗修斯等等，总共有150位神父，他们谴责并驱逐了马其顿尼，以及所有"反圣灵的斗士"。

阿尔沙克被迫与沙普尔会面，一去不复返

沙普尔再次没有亲临战场，而是派了阿尔沙克的一位亲戚阿拉诺赞·巴列维率领大军与阿尔沙克作战。阿尔沙克逃离了阿拉诺赞的追杀，但许多亲王因对自己的国王阿尔沙克不满而放弃了他，转而支持阿拉诺赞，主动投靠了沙普尔，

并在得到沙普尔的奖赏后，又回到了亚美尼亚。为此，阿尔沙克忧心忡忡，写信给波斯军队的统帅，说道："我亲爱的同胞，我知道您不愿意来，您不能违抗沙普尔的命令去攻击您的亲人，但您又何必如此咄咄逼人呢？不过，我得先找个地方避一避，等到我恢复元气，再回到希腊。到那时，您就会得到这片土地了，而且您还可以从我这里得到很多好处，就像您的某位至亲那样。"

阿拉诺赞回复道："我们的亲戚卡姆萨拉坎人与您的宗教信仰相同，居住在您的土地上，甚至是比我更亲的亲戚，您对他们都不仁慈，您又怎么能指望我对您仁慈呢？因为我与您在宗教和国家上相距甚远。如果我能从您那里获得我所希望得到的好处（这一点还很难说），那我为什么要把我已从国王那里获得的好处拱手让人呢？"

阿尔沙克迫于压力，只好去见了沙普尔，结果却身陷囹圄。他被逼着写了一封信让他的妻子帕朗泽姆来到宫里。沙普尔下达了命令，让所有有头有脸的人都随帕朗泽姆一同前来。

亚美尼亚因阿尔沙克之死而遭受灾难

那些曾经帮助过波斯国王沙普尔而不是帮助阿尔沙克的

亚美尼亚亲王们，意识到沙普尔对他们的妻子有所图，那些仍然忠于阿尔沙克的亲王们看到阿拉诺赞已走，城里驻军变少，于是，这些亲王们便联手把敌兵赶走。然后，他们携妻带子逃往希腊。同样，帕朗泽姆王后也没按丈夫信上说的做，而是带着宝藏躲到阿尔塔格克城堡中，同时也提醒自己的儿子帕普，赶紧逃离沙普尔的魔掌。沙普尔对此大为光火，就用铁链捆住阿尔沙克的脚，押往胡萨斯坦一个叫阿努什的要塞。他纠集大批军队，由背叛基督的梅赫鲁扬·阿茨鲁尼和瓦罕·马米科尼扬率领攻打亚美尼亚。他们来到这里，包围了阿尔塔格克城堡。尽管堡垒固若金汤，他们无法攻破，但是也许上帝对阿尔沙克动了真怒，要塞的守军不再等待帕普的命令，而是在没有受到任何威胁的情况下主动投诚。马米科尼扬的大军押着俘虏，连同财宝和王后帕朗泽姆一起带到亚述。就是在那里，他们被钉在木桩上，惨遭屠杀。

与此同时，沙普尔国王还下了一道旨意，要摧毁夷平所有城邑的防御工事，并把所有的犹太人抓起来，包括那些在提格兰时代由巴尔扎普·拉什图尼带到范托斯普镇来的并还按照犹太法律生活的犹太人。沙普尔将这些犹太人安置在伊斯法罕。他们还抓了阿尔塔什斯城和瓦拉尔沙帕特这两个地方的犹太人，这些犹太人也是国王提格兰带到那里的，他们在圣格雷戈里与提里达特时代信奉基督。他们中有一位是阿尔塔什斯城的祭司，名叫祖特艾。梅赫鲁扬与瓦罕随后来到沙普尔跟前，诋毁阿尔塔什斯城祭司祖特艾，声称他与俘虏们一同来到这里，是为了让他们坚定地信仰基督教。于是，沙普尔下令对祖特艾施以酷刑，逼迫他放弃基督教信仰，但他拒不服从，就这样成了殉道者。阿尔沙克听到这一不幸事件后，就像扫罗那样自尽了（《列王纪》31:4，《编年史》10:4），他刚好在位 30 年。

梅赫鲁扬给我们带来的不幸以及帕普对亚美尼亚的统治

阿尔沙克死后，沙普尔派梅赫鲁扬率领一支庞大的军队前往亚美尼亚，命他掌管那片土地，同时又将自己的妹妹奥米兹杜特赐给他为妻，还给了他许多波斯的村庄和地产。沙普尔还答应把亚美尼亚的王位赐给梅赫鲁扬，条件是他必须征服那里的王公贵族，让那片土地皈依马兹达教。梅赫鲁扬一到那儿就抓了许多王妃并关在不同城堡里，迫使她们的丈夫能改变他们的信仰，目的就是废除一切基督教制度。他假借进贡之名，把主教和教士捆绑起来，押往波斯。他把找到的书统统焚毁，并下令不准学希腊文，只能学波斯文，不准任何人讲希腊文，也不准翻译，理由是：亚美尼亚人不能同希腊人交往。但实际上，这与基督教的教义背道而驰，因为在那个时候，亚美尼亚人还没有文字，教堂里的仪式也都是用希腊文。

纳尔西斯大主教听到亚美尼亚发生的种种不幸以及阿尔沙克之死，便向狄奥多西大帝求援。于是，狄奥多西大帝立阿尔沙克之子帕普为王，并召集了一支庞大的军队，由勇猛的特伦提乌斯将军统领。纳尔西斯大主教把所有的亲王都带上了，这里有愿意接受帕普统治的，也有不愿意接受帕普统治的，还有幸存的卡姆萨拉坎·斯潘达拉特，他们一同把帕普送到亚美尼亚。到了那里，他们发现无信者梅赫鲁扬统治着亚美尼亚的土地。他们把他赶下台，把国家置于自己的统治之下。但是，梅赫鲁扬下令守军把王妃们吊死在城头，任由她们的尸体腐烂，成为飞禽的腐肉。

兹拉夫之战和无信者梅赫鲁扬之死

梅赫鲁扬向身在呼罗珊省的沙普尔通报了狄奥多西给帕普的一切援助，沙普尔下令全部波斯军队随梅赫鲁扬前往亚美尼亚参战。同样，帕普和特伦提乌斯也提醒狄奥多西皇帝说，除了御林军以外，沙普尔已下令全军向我们进攻。于是，奥古斯都狄奥多西下令，阿迪伯爵率领所有希腊将士，前去支援帕普，一个不留，甚至连守城的步兵也不例外。

这场战斗发生在兹拉夫平原上，双方战线形成对峙之势。勇敢的年轻亚美尼亚王公们甘愿成为勇士，在巴格拉特之子斯姆巴特的率领下，向对峙的两条战线中间挺进。波斯军队也冲到了两条对峙战线之间。双方军队混战在一起。波斯人败退，我军穷追不舍。亚美尼亚年轻的勇士们，就如狂风扫落叶般以迅雷不及掩耳之势从马背上跃下，挥起长矛刺向敌人。波斯士兵尚未跑回自己的阵地，便已变成一具具冰冷的尸体。当波斯人开始围攻我们时，我们就退回到希腊人的盾牌后，仿佛进入一座固若金汤的城池，毫发无损。步兵统帅戈尔戈诺斯的军队用盾牌将帕普的将士团团护住，如铜墙铁壁一般。

希腊军队装备精良，胯下战马亦是如此。这就好像是一道城墙：大部分士兵都用锁链和皮甲包裹着，看起来坚固如石。旗帜就像树叶一样在他们头上飞舞。狂风吹过，一列列战旗构成的张开血盆大口的巨龙迎风摇摆，在我看来，简直就像一座金刚山沉向大海，这也正是整个希腊战线在向波斯大军压下去的情景。如你所见，这条巨龙就像一条大河向两边伸展，全副武装的士兵就像大河里的洪流。

目睹了这一切，纳尔西斯大主教登上恩帕特山顶，就像第一位先知摩西那样，向天高举双臂，虔诚地祷告，直至第二个亚玛力被击溃（《出埃及记》17:8以后章节）。

当太阳在我军对面升起的时候，士兵铜盾上的反光就像是巨大云层里的闪电，在山丘上闪烁。我们当中最勇敢的亲王冲出队列。波斯人刚看到他们便失去了信心，我方人在盾牌后见不到正在升起的太阳，也有几分气馁。双方交战发生在一片乌云遮日的地方，一股劲风从我们这一边吹到波斯那一边。战斗一开始，斯潘达拉特·卡姆萨拉坎就遭遇了一支庞大的军队，这支军队由英勇无畏的莱克王谢尔盖指挥。斯潘达拉特冲向敌阵，向这位勇敢的国王发起了进攻，他如闪电般把他打倒在地，接着驱散了包围在他身边的敌兵。这是上苍的帮助，希腊与亚美尼亚两国军队齐心协力，在平原上留下一片尸山血海，并乘胜追击幸存的敌人。这些幸存者中就有阿鲁安克（阿尔巴尼亚）王乌尔奈尔，他被瓦萨克·马米科尼扬之子穆舍打成重伤，随后被带离战场。

然而，无信之人梅赫鲁扬由于战马负伤，没能追上逃亡的军队。亚美尼亚将军斯姆巴特很快就追上了他，并在科加约维特沼泽地的边上，杀死了他的同伙，并将其俘虏。斯姆巴特想，或许纳尔西斯大主教会把他放了，于是他没有将他带回军营。他发现这里就是葬身梅赫鲁扬的绝佳地点。于是，斯姆巴特在帐篷内燃起篝火，将烤肉用的铁叉加热，然后把它弯成一顶王冠的形状，再接着继续把它烧得通红，说道："梅赫鲁扬，你既然要做亚美尼亚国王，我就给你戴上这顶王冠。我以祖先的礼节为你加冕，这是我的荣耀。"说话间，他顺势将灼热的帽子扣到了梅赫鲁扬的头顶。于是，那个坏蛋就这么死了。从此，天下太平，亚美尼亚臣服于帕普的统治。

帕普给纳尔西斯大主教灌下毒药使其丧命

战争结束后，我们的国家恢复了和平，纳尔西斯大主教和帕普国王及亲王签订了契约，约定他们必须遵守正义，按照基督教的原则行事。国王不得效仿父王的不公与敲诈，而要正直地统治，对诸亲王应有父亲般的关怀，而诸亲王不得再背叛国王，也不得蔑视国王，而要忠心耿耿地为国王效力。之后，帕普国王向斯潘达拉特·卡姆萨拉坎归还了其父王阿尔沙克从其手中抢走的一切：属于卡姆萨拉坎家族的希拉克省和阿尔沙鲁尼克省的领地。但是，这两个行省并不是以他父亲阿尔沙克贪得无厌掠夺来的名义还给斯潘达拉特，而是为了奖赏斯潘达拉特杀死莱克国王的英勇行为。帕普国王还把没收来的财物还给其他的亲王，以示自己并非贪婪之人，而是喜欢无拘无束的生活。

但是，实际上，帕普国王放荡不羁，也因此受到纳尔西斯大主教的斥责，他对此怀恨在心，于是，策划了一场恶毒的阴谋。出于对狄奥多西皇帝的忌惮，他不敢明目张胆地对纳尔西斯大主教下手，便暗地里给他灌下致命毒药，把他杀死了。纳尔西斯大主教担任主教达34年之久，逝世于埃克雷茨省的卡克村。帕普国王将他的遗体运走，葬在蒂尔城，并对此事守口如瓶。

萨哈克继任大主教，狄奥多西处死帕普

帕普国王见全亚美尼亚人民都在哀悼纳尔西斯，便迫于压力，在没有得到凯撒利亚大主教允许的情况下，找到了阿尔比安诺斯家族的后人萨哈克（这个人很有能力），让他接替纳尔西斯的位置。他在位四年。

帕普听说，狄奥多西大帝离开拜占庭去罗马，在率军进入帖撒罗尼迦的时候，与当地居民起了争执并打了起来，皇

帝以屠杀 1.5 万平民而获胜。帕普听说了这件事，以为这场骚乱会持续很久，于是，很轻视狄奥多西，起兵造反。让他离毁灭更进一步的行为是，他赶走了特伦提乌斯及其军队，并开始备战。勇敢的特伦提乌斯遵照狄奥多西大帝的旨意，又折返回来。出乎意料的是，他成功地突袭了帕普的营地，用剑砍死了几名士兵，吓跑了其他人。但是，安德泽瓦茨亲王，也就是帕普的东军统帅格涅尔，奋勇抵抗，与之激战。对决中，战无不胜的特伦提乌斯亲手一剑将格涅尔的头颅劈成两半，并一把擒住了国王帕普。帕普恳求别杀他，带他去见皇帝。英勇的特伦提乌斯产生了恻隐之心，答应了这个请求。帕普被铁链锁着，被带去见狄奥多西大帝。但最终，狂妄的帕普国王还是被用斧头处死了。他在位 7 年之久。

瓦拉兹达特的统治和监禁

在亚美尼亚国王帕普被处死之后，奥古斯都狄奥多西，这位当之无愧的"大帝"在自己在位 20 年时[①]，又任命一位名叫瓦拉兹达特的人为亚美尼亚国王，这位瓦拉兹达特同样

---

① 狄奥多西一世在公元 379—395 年间担任皇帝。

来自安息家族。瓦拉兹达特年轻气盛、精力充沛、英俊潇洒、体格健壮，有过不少英雄事迹，而且箭术高超。早先，他从沙普尔那儿逃往皇宫，成为有名的斗士。开始是在比萨赢得了拳击比赛。后来，他又在希腊的赫利奥波利斯击杀了几头狮子。这也是为什么他会受到奥林匹克参赛选手们的赞誉与尊重。至于他在抵抗朗哥巴德民族时所表现出来的英勇无畏，我敢说其勇气足以和圣提里达特比肩①，因为他曾在5个敌军大将围攻时，用宝剑将他们一一斩杀。另外，还有一次，他来到一处要塞，用箭矢将城墙上的17个敌兵，一个一个地射倒，就像狂风吹倒无花果树一般（《以赛亚书》28:4）。

沙普尔在位55年时，瓦拉兹达特来到了亚美尼亚，成为国王。他的首次战斗是在达拉纳吉的一个关隘。当时他遭遇了几个叙利亚土匪，他将他们驱散并紧追不舍。土匪从幼发拉底河狭窄处的桥上逃过去，并把身后的桥板扔掉。哪知瓦拉兹达特到达岸边，便跃身跳过幼发拉底河，比拉哥尼亚人基安跳得还高出22肘之远。如果你在现场，你会仿佛看见一位新的阿喀琉斯从斯卡曼德河上跃过。强盗们吓破了胆，纷纷丢下武器，束手就擒。

---

① 参见第二章"提里达特在亚美尼亚政府动荡不安之际的英勇事迹"，了解提里达特在比赛和战斗中的英勇表现。

所以，正如年少时沉溺于英勇行为一样，瓦拉兹达特在位时也不接受希腊军队指挥官的劝告。他派人到沙普尔那里去说，只要他能把女儿嫁给他，他将归还亚美尼亚的土地。希腊将领们知道后，就向狄奥多西皇帝发出了警报。于是，狄奥多西皇帝下旨召见瓦拉兹达特，如果他不想自愿前来，就将其逮捕。因此，迫于压力，瓦拉兹达特还是主动去了，希望能骗过奥古斯都。可是皇帝连见都不肯见他，就下令用铁链把他锁住，并押到图吉，那个大洋中的一座小岛。瓦拉兹达特在位4年。

　　在瓦拉兹达特统治的第二年，扎文就任亚美尼亚大主教，他与阿尔比安诺斯来自同一家族，他在位4年。

阿尔沙克与瓦拉尔沙克王朝

　　继瓦拉兹达特后，狄奥多西大帝又将帕普的两个儿子阿尔沙克和瓦拉尔沙克立为亚美尼亚的国王，因为他相信他们不会同时联合起来造反。他把他们的母亲留在拜占庭，把他们派走了，随行的还有他亲自任命的总督、忠心耿耿的臣民和一支军队。他们到来之后，和波斯人进行了一场激战，随后占领了我们这片土地，并开始了统治。他们各自为自己娶了妻子：阿尔沙克娶的是休尼克亲王的女儿巴比克，瓦拉尔沙克娶的则是萨哈克的女儿瓦加尔沙克。两个妻子都在同一年去世。

在阿尔沙克统治的第二年，阿斯普拉克成为亚美尼亚大主教，在位5年。他是萨哈克和扎文的亲戚。

狄奥多西大帝在征战期间，于米兰病逝，帝国由他的几个儿子继承：阿卡迪乌斯继承拜占庭，奥诺留斯继承罗马[①]。但是，事实证明，他们既不值得称赞，也配不上他们父亲的美德。

亚美尼亚被两位安息国王一分为二，分别臣服于波斯和希腊两个国家

沙普尔曾败于阿卡迪乌斯的父亲狄奥多西大帝之手，所以当他发现阿卡迪乌斯是个骗子后，他首先提出与阿卡迪乌斯和平相处。阿卡迪乌斯最终同意签署协议，尤其是在他麾下将领的强烈要求下。虽然在狄奥多西时代，神赐予了他们胜利，但将领们却因连绵不断的战争而疲惫不堪。于是，双

---

① 阿卡迪乌斯在公元395—408年间担任皇帝，奥诺留斯在公元395—423年间担任皇帝。

方欣然达成一项协议，同意在美索不达米亚与亚美尼亚之间划出一条新边界。这就是阿尔沙克离开祖先的故乡阿拉特和波斯的全部领土，前往亚美尼亚西部的希腊领土统治的原因。他之所以这样做，一方面是因为他的母亲就在希腊都城，另一方面也是因为他觉得，与其控制一大片领土，屈从于异教的束缚，还不如统治一小块土地，效忠信基督教的国王。而沙普尔所属地区的亲王们则是带着妻儿，舍弃了所有财产，放弃了自己的家园，背井离乡，跟随沙普尔前往亚美尼亚西部。

对此，沙普尔十分恼怒，便写信给阿尔沙克，质问道："你为何要带着我的王族离开我的领地，并以此来挑起我和皇帝之间的战争？"他从阿尔沙克那里得到了这样的答复："他们无法忍受波斯人的统治，于是就追随了我。但是，如果您像君王一样，将您的国度托付给我，我也会像侍奉君王一样为您效劳。不过，如果您不愿意，而那些亲王们又想回您那儿去，我也决不阻拦。"沙普尔得知这个情况后，立即封一位来自安息家族的叫库思老的人为亚美尼亚王，并向阿尔沙克麾下的几位亲王写了一份诏书，内容如下：

最神勇的英雄，万王之王沙普尔，谨向我领地内的亚美尼亚诸位亲王致以最诚挚的问候。

虽然，你们背井离乡的举动算不得什么高尚之举，虽然我们并不需要你们做什么，但是出于我们皇室的关怀，我们还是会善待你们。鉴于羊群必须有牧人，而牧人又必须有一位良好的监工，所以我们从你们原来的王族中，选了一位信奉你们宗教的库思老为你们的国王。所以，请你们回来，照样掌管你们所拥有的一切。我们以火、水和我不朽的祖先的荣耀起誓，我们所做的一切没有欺骗，而且永不改变。对于那些违抗命令者，我们已经下令没收他们的土地，包括村庄和财产，统统收归国库。保重！

亚美尼亚亲王从世袭领地到效忠于两位国王的变化

当那些在波斯诸省拥有土地的亚美尼亚亲王们听说沙普尔任命了一名信奉基督教的安息国王，并看了一份由他签名的契约副本，便抛弃了阿尔沙克王，返回各自的领地，只有三个与阿尔沙克一起长大的年轻人除外，他们都是近亲：达拉（阿尔沙克的岳父休尼克的领主巴比克之子）、加扎丰（希拉克和阿尔沙鲁尼克的领主斯潘达拉特之子）以及加德曼家族的卑路斯。此外，还有格努尼家的阿塔特、阿马图尼家的凯南、莫克家的苏拉、罗斯托姆·亚拉瓦尼安等其他一些不知名的人物。于是，库思老遵照沙普尔的旨意，将他们的世袭土地收归朝廷所有，禁止父传子，或兄弟之间承袭。

但也有一些亲王在阿尔沙克统治下的希腊地区拥有自己的领地，例如，阿尔沙克的兄弟瓦拉尔沙克的岳父萨哈克就是如此，但他希望投奔库思老。阿尔沙克因妻子一再暗示，萨哈克拥有其女婿留给他的皇家徽章[①]，因而对萨哈克心存疑虑。后来，萨哈克又遭到来自斯佩尔省的亲戚的不实指控，因此，阿尔沙克国王对他进行了虐待。于是，萨哈克设法逃到库思老那，以摆脱阿尔沙克的控制。迪玛克西家族中的苏伦·霍尔霍鲁尼、瓦罕·阿拉维扬以及阿什哈达尔都参与了这一事件。但萨哈克出发时，他们却被阿尔沙克军队所阻拦，未能随行。他们只好暗中谋划，伺机而动。

库思老嘉奖萨哈克的投靠，萨哈克英勇剿灭瓦南德土匪

库思老对萨哈克的到来感到非常高兴，任命他为自己的

[①] 皇家徽章，指"黄金冠冕"，是亚美尼亚皇室的徽章或权力象征。在亚美尼亚历史和文化中，"黄金冠冕"常常象征国家的君主权威和王室地位。

军队统帅，还恢复了他祖先的财产，并把其他留在阿尔沙克身边的人所留下的波斯领地和城镇赐给了萨哈克。

那时候，瓦南德①部族中有几个人与库思老作对。他们没有向任何人寻求庇护，而是藏在自己山区的森林中，藏在泰克一处山洞的最深处。他们经常在亚美尼亚两个国王的领土上进行掠夺，把亚美尼亚搅得一团糟。于是，库思老的统帅萨哈克对他们发起了攻击，杀了他们不少人，使得许多人逃往"第四亚美尼亚"。他们并不前往哈尔提克投奔希腊人，也不去投奔阿尔沙克国王，而是前往与叙利亚接壤的"第四亚美尼亚"，投奔了那里的强盗。这么做是因为，瓦南德人本来就热衷于抢劫，在他们看来，抢劫既合情合理，又令人愉快。萨哈克对他们紧追不舍，一直追杀到马纳纳利省的边界。

苏伦、瓦罕和阿什哈达尔带着阿尔沙克的财宝来见库思老

苏伦·霍尔霍鲁尼、瓦罕·阿拉维扬和阿什哈达尔·迪

_____

① 瓦南德：位于卡尔斯和泰克地区之间。

玛克西发现他们图谋的时机来了，因为阿尔沙克正从哈尼堡垒取出他的财宝，准备把它们带到措普克的地方。他们抢了财宝，却来不及把宝藏交给库思老，因为阿尔沙克的好友萨缪尔·马米科尼扬带着一支精锐部队迅速追击，将他们逼到了马纳纳利省一处险恶的山洞处，那里只有一条狭窄的坡道可以进入。洞口前是一道笔直的峭壁，洞口上方有个悬空的石窟，俯视着一眼见不到底的深谷。任何岩石松动，都会不断地滚落，根本无处落脚。因此，萨缪尔对这一复杂地形感到束手无策。不过，他通报了阿尔沙克，让人打造了一个大铁箱，并让几个勇敢的人钻进铁箱，再用绳索从山崖上面把铁箱放下来到山洞的入口。这不会使崖壁给铁箱带来破坏，因为荆棘使铁箱碰不到崖壁。

就在他们忙得不可开交的时候，萨哈克恰巧带着库思老的军队正在追赶那伙强盗。他放走了那几个强盗，自己则朝着那几个攻打山洞的家伙冲了过去。他击退了萨缪尔的人马，解救了苏伦、瓦罕和阿什哈达尔，并尽快将财宝交到了库思老手中。库思老在得到这些东西之后，留下了一部分给沙普尔。同样，沙普尔下旨将阿尔沙克在波斯的好村庄、好庄园赏赐给了库思老。也正因为如此，库思老和阿尔沙克之间才会爆发战争。

败给库思老的阿尔沙克病逝

虽然沙普尔与阿卡迪乌斯并未帮助库思老与阿尔沙克，亦未提供军事援助以挑起两国间的战争，但却并未对其加以约束。当外交手段用尽时，阿尔沙克收拢军队攻打库思老。库思老从被称为"沼泽"的格拉姆湖边营地出发，前去迎战阿尔沙克，阻止他踏入自己的领地。但是，直到发现阿尔沙克已经越过了瓦南德省的边境，他才采取行动。双方在埃维尔平原相遇，展开了一场激战。阿尔沙克的军队战败，他的统帅休尼克的达拉战死在沙场。阿尔沙克带着寥寥数人从激战中逃了出来，库思老的大将军，勇敢的萨哈克在后面紧追不舍。斯潘达拉特之子加扎丰在这个时候表现出了惊人的英雄气概，他不断回身反击，令追兵四散躲闪，为阿尔沙克争取到了逃跑的时间。

库思老返回军营，阿尔沙克也前往埃克雷茨军营。在那儿，阿尔沙克患上了肺痨。由于高烧，身体日渐衰弱，最终死去。他统治整个亚美尼亚5年，统治半个亚美尼亚2年。从那以后，希腊人不再任命国王，而是任命伯爵作为他们统治区的总督。勇敢的加扎丰成为该地区的执政亲王。

蒙福的梅索普

梅索普出生于塔伦的哈塞克，从小就受过纳尔西斯大主教的熏陶，纳尔西斯大主教去世后，他被委任为宫廷的档案员。他目睹了亚美尼亚王国的覆灭，并意识到这次动荡是对自己忍耐能力的一次试炼，于是他想过一种隐士生活。有一句话说得好："一条沉船正驶向港湾，一洲之魂正寻找沙漠。"同样地，他也从尘世的烦恼中解脱出来，舍弃世人的荣光，追求天国。他到戈尔登省隐居起来。至于那些藏身于此的异教徒，自从提里达特时代起就一直隐匿于此，后来随着安息王朝的衰败而浮出水面。梅索普在戈尔登省亲王沙比特的帮助下，把这些异教徒消灭了。神迹出现在圣格雷戈里时期：魔鬼以肉身逃往米底。在休尼克亲王瓦利纳克的帮助下，休尼克的土地上，也有一些不亚于这些神迹的奇迹发生。

对于蒙福的梅索普来说，他的讲道可谓困难重重。因为他既要当读者，又要当翻译。只要他不在，人们就没法看书，因为没有翻译，谁也看不懂。所以，他决定创建一种亚美尼亚文的字母表。他一心扑在这项工作上，做了各种各样的尝试，弄得他十分疲倦。

曾经追随阿尔沙克的亲王们又回到了库思老身边

亚美尼亚王公们见希腊人尚未立一位君王，又觉得无人统帅难以维持，便自愿归顺库思老国王。为此，他们写信告诉他：

加扎丰将军，以及希腊所有亚美尼亚亲王们，谨向阿拉拉特的国王库思老陛下致敬。

陛下，您知道，我们一直效忠于阿尔沙克国王，直到他去世。现在，如果您能以协议确认以下三点，那么我们将以同样的忠心为您效力。第一，不要记恨我们的过错，我们向您宣战是被迫的，并非自愿。第二，您要把我们在波斯地区被没收的所有世袭土地归还给我们。第三，要设法使我们免受皇帝的纠缠，不让希腊人干涉我们在这一地区的财产。以书面形式签署本协议，盖上十字印章，我们一见到协议，马上效忠于您。祝陛下身体健康。

库思老回信道：

至高无上的亚美尼亚国王库思老，向加扎丰将军及诸位亲王致敬。

收到您的问候信，我非常高兴。我已按您的要求派人将协议送出。首先，对于你们的过错，我不会怀恨在心，实际上，我不会把它当作一种过错，而只会把它视为一种感激之情来对待所侍奉的安息国王，因为我期望您能以同样的方式对待我。其次，我会把没收给朝廷的世袭土地归还给你们，但不包括我分给其他人的土地。君王的恩典是不能收回的，特别是这份恩典已经被我父王，万王之王沙普尔大帝记录在案。但是我会代替他们，会从王室宝库里为您提供所需。第三，不管是与希腊皇帝开战，还是和平解决，我都会将你们从希腊的统治者手中解救出来。

加扎丰，您之所以成为我的亲属，并非因为您过去的出身，而是因为您从您母亲阿尔沙克·阿沙诺伊什那里获得的特权，我要让您脱离卡姆萨拉坎一脉，把您归入您母亲和我这一支，用"安息"来称呼您。

第三章　亚美尼亚历史的结语 ❧ 　　　　　　　　269

加扎丰见状，立刻带着当地的诸位亲王回到库思老国王那里。于是，他得到了荣华富贵，所有的要求与承诺都得到了满足。萨缪尔·马米科尼扬虽然也收到了一封库思老的信和亚美尼亚亲王们的一封信，但他没有接受库思老与亚美尼亚亲王们好意，而是转身投奔阿卡迪乌斯大帝麾下。由于他的父亲瓦尔丹因叛教被杀害，其母塔查图尔希亦遭杀害，出于对波斯及阿特鲁尼叔父们的畏惧，萨缪尔·马米科尼扬不愿意放弃自己的希腊血统。但是，阿卡迪乌斯却很善待他，下令将希腊文信函的复本存入自己的档案库，以纪念这个反叛的家庭。这些信函仍然保存至今。

萨哈克获得大主教职位，库思老成为亚美尼亚唯一的统治者

库思老如愿以偿，他的权力扩大到统治所有亚美尼亚贵族。之后，他又差人去阿卡迪乌斯皇帝那里，请求他将亚美尼亚的希腊地区交托给他，并保证该地区会继续繁荣，并像从前那样，向他进贡。由于阿卡迪乌斯担心亚美尼亚诸王会联合起来夺取这片土地并把它送给波斯，便答应了库思老的要求。

在大主教阿斯普拉克斯去世之后，库思老指派萨哈克，

即纳尔西斯大主教之子、阿坦阿格内斯之孙、尤西克之重孙、弗特内斯之曾孙、圣格雷戈里之玄孙，接任教职。他在所有的美德方面都与他的先人相同，甚至在祈祷上更胜一筹。他还有 60 名学生，都是像首都的斯普达伊那样的苦行僧。这些学生总是身穿粗麻布衣①、匝着铁腰带、赤着双脚。萨哈克与这些追随者就像那些生活在荒漠里的修行者一样，始终恪守戒律。他同样关心我们的国家，就像世人一样。梅索普为了研究亚美尼亚语字母表，便去找萨哈克。他发现萨哈克对亚美尼亚文的要求比以前更迫切了。他们试了几次都没有结果，就再次向神祈祷。后来，他们分开了，梅索普又回到了他的隐居之所，在那里过起更为严苛的苦修生活。

库思老被囚禁，兄弟弗拉姆沙普尔继位

库思老和阿卡迪乌斯的交情很好，而且还不惜代价把萨

---

① 粗麻布衣指的是"披发衣"，是一种在宗教修行中使用的特殊服装，通常由粗糙的材料制成，例如麻布或毛织物。它的特点是在内部有粗糙的表面，经常与毛麻等不舒适的质料相结合，而外观则较为简单。披发衣以其与身体的直接接触，使人感受到不适与苦行的特点，常用于一些宗教修行者、修士或虔诚信徒。佩戴披发衣象征着弃绝尘俗物质享受、自我克制和灵魂的净化。

哈克提升为主教，这让沙普尔大为光火。当他用恐吓的语气向库思老提出指责时，库思老大发雷霆，态度傲慢，并且很侮辱地把信使赶了出去。随后，库思老立刻同阿卡迪乌斯协商表示，如果他愿意撕毁同沙普尔的协议并向他提供军事援助的话，那么，他愿意将全部土地归还给他。但是，沙普尔受到了几位亲王的怂恿与提醒，立刻派出他的儿子阿尔达希尔率领一支大军开赴亚美尼亚。由于阿卡迪乌斯拒绝同库思老联盟，而库思老又无法在国外找到任何可以帮助他的人，他无法对抗也无法逃离阿尔达希尔，因此，只能向他缴械。

阿尔达希尔剥夺了库思老的大权后，委任库思老的兄弟弗拉姆沙普尔取而代之。但是，弗拉姆沙普尔并未剥夺萨哈克大主教的权力，也未剥夺和库思老一样级别的任何一位亲王的权力。同样地，他命令他们要像以前那样对待希腊人。由于父亲年事已高，因此，他留下一支精锐部队，自己匆匆赶回泰西封。他带走了库思老，并将他囚禁在一个叫做阿努什的要塞中。到此时，库思老执政了5年。因忌惮他的勇猛，弗拉姆沙普尔也把加扎丰捆起来带走，并把加扎丰的领地，同他兄弟沙瓦什和帕尔吉夫·阿马图尼的领地一样，收归朝廷。为此，沙瓦什和帕尔吉夫·阿马图尼两人各带700精兵，等待时机，袭击沿途的车队，营救库思老国王。但他们未能如愿，因为国王的脚被铁链捆绑着。在这场劫持战中，沙瓦什、帕尔吉夫之子曼努埃尔和他们的许多同伴都阵亡了。但是，帕尔吉夫却被抓到阿尔达希尔面前。阿尔达希尔将他暴打一顿，并勒令他一直和库思老待在一起。

萨哈克大主教前往泰西封，带着荣誉和礼物归来

一些圣贤名流，我国最早的几位亲王与主教，是启蒙我们的光明之源，这些事业一直是由父子相传。直到萨哈克大主教时代，这种男权制度才终结。萨哈克大主教有个女儿名叫萨哈卡诺伊什，嫁给了哈马扎什普·马米科尼扬。亚美尼亚英雄的最高统帅萨哈克去世后，圣徒萨哈克恳求弗拉姆沙普尔指派哈马扎什普来接替他。但是，如果没有万王之王①的旨意，他绝不肯这么干，因为他知道，自己的兄弟库思老就是为此而承受了巨大的苦难。于是，萨哈克带着弗拉姆沙普尔写来的一些信，在女儿的坚持下，亲自前往波斯国王阿尔达希尔那里。阿尔达希尔在他父亲统治70年后掌权4年。

萨哈克在那里受到了极大尊敬：一是因为他出身于高贵

---

① 这里指波斯国王阿尔达希尔。

的巴列维家族，二是因为上帝使他的仆人在非信徒心目中地位崇高，受人尊敬。阿尔达希尔国王满足了他的所有要求：首先，关于他的女婿哈马扎什普，其次，关于冒犯他家族的幸存者，也就是藏匿在偏僻地方的卡姆萨拉坎人和阿马图尼人。萨哈克祈求仁慈，正如神的旨意，不要让儿子背负父辈的罪孽，尤其是那些已经为此而牺牲的父辈（《出埃及记》34:7）。对于幸存之人，阿尔达希尔国王宽恕了他们的死罪，下令将没收的领地归还给他们，那些没有父辈等级地位而且身份在大部分亲王地位之下的小贵族也可以继承他们祖辈的土地。对于哈马扎什普家族，又称马米科尼扬家族，阿尔达希尔国王将其提升至亚美尼亚五等贵族地位并记入档案。

他们通常这样遵守以下两种习惯：每当一位新君即位，他们就会把国库里的金币改一改，把新王的形象盖上去，而档案的文字也转到他的名下，对它们稍作修改，但不移除原来的名字。如果他在位多年并进行新的人口普查，他们就会省略掉从原来文字修改过的内容，只留下新国王的名字。但由于阿尔达希尔在位时间太短，没有时间再做一次人口普查，于是他下令，凡是被他的前任改动过的东西，一律以他的名义重写一遍，而且把哈马扎什普被授予贵族头衔和荣誉、有权掌管村庄和庄园、有权指挥亚美尼亚军队等内容登记入案。为此，他向我国国王弗拉姆沙普尔发出以下诏书：

最勇敢的马兹达教信徒，万王之王阿尔达希尔，向兄弟亚美尼亚王弗拉姆沙普尔致以问候。

我已接到您有关萨哈克主教的来信，我记得他的祖先，也就是苏伦·巴列维家族的几位亲王，他们甘愿接受我的祖先和同名的阿尔达希尔的统治。他们爱他胜过亲人，不但在波斯与他们作战，甚至为了他来到您的土地，谋杀了您的先祖库思老。他们因刺杀被处以死刑。当提里达特因病失去生命和王位时，正是杀人犯的儿子格雷戈里，用他的医治，使提里达特起死回生，王位重获，对您而言，他更是您的恩人。因此，请您按照我的吩咐，任命萨哈克的女婿哈马扎什普为您的军队统帅，并封他为五等贵族，享受您祖先给他先辈的所有特权和财产。同时，对于我们没收给朝廷的那些罪人家族的土地，也可以由他们的子孙后代继承。对此，我们已下令将其记录档案。保重。

但是，当萨哈克大主教来见波斯王并证实了他给予的全部恩赐时，波斯王阿尔达希尔却死了。弗拉姆（又名克尔曼）继承了王位，统治了10年。他与亚美尼亚国王弗拉姆沙普尔和萨哈克大主教一直都保持着友好关系，弗拉姆和阿卡迪乌斯之间也和平相处。弗拉姆沙普尔是我国的统治者，他归两个君王管辖，并向他们缴纳贡品，其中一个是波斯，向弗拉姆王朝缴纳贡品，另一个是希腊，向阿卡迪乌斯王朝缴纳贡品。

丹尼尔的字母表

那时，阿卡迪乌斯①身患重病，拜占庭城也因为约翰大主教的原因，而遭受了大地震和火灾。当时，希腊帝国正处于动乱之中，他们的军队也像波斯人那样互相残杀。于是，弗拉姆下令弗拉姆沙普尔国王前往美索不达米亚去安抚和整顿，并对这两个地区的统治者进行最后的清算。他去办这件事，要想找个书记官可不容易，因为梅索普离宫之后，那里只有波斯文，而且没有一个能干的书记官。于是，一位名叫哈贝尔的神父来见弗拉姆沙普尔国王，说他的一个亲戚丹尼尔主教能改写文字为亚美尼亚语文字。但是，弗拉姆沙普尔

---

① 阿卡迪乌斯于408年去世。

国王并没有理会这些就回到了亚美尼亚。回来后，他发现所有的主教都在同萨哈克大主教、梅索普一道着手创建亚美尼亚字母表。他们把正在做的事告知了弗拉姆沙普尔国王，国王也把哈贝尔对他所说的话告诉了他们。他们一听到这里，便催促国王要尽快想办法联系那位丹尼尔。

　　于是，他派了一位在亚美尼亚德高望重、忠心耿耿的哈杜尼家族成员瓦里奇前往拜见哈贝尔。瓦里奇对此事很上心，他同哈贝尔一起来找丹尼尔。二人从丹尼尔那里得到了详细的指点并将早已写好的字母按照希腊语的顺序排列好，回去后递交给了萨哈克大主教和梅索普。他们和几个年轻的弟子一起对这些排列好的字母进行了研究，结果发现，无法用这些字母把亚美尼亚语的音节准确地读出来，因为字母系统是外国的。

梅索普的字母表——天赐之恩

　　此后，梅索普带着他的弟子，也来到了美索不达米亚，找到了那个丹尼尔。在那里没有多少收获后，他就又来到了埃德萨，找到了一位名叫柏拉图的异教徒修辞学家，他也是一位档案员。柏拉图愉快地接待了他。但尽管柏拉图竭尽全力，他也没能弄明白亚美尼亚语，这位修辞家也承认自己是个无知之人。不过，他还提到了另外一位学识渊博的人，他叫埃皮法尼乌斯，是他早年的导师，后来，这位学者从埃德萨的档案室中取走了一些学术书籍，改信基督教。柏拉图对梅索普说："去找他吧，你定会如愿以偿的。"

后来，梅索普在巴比伦主教的帮助下，穿过腓尼基来到了萨莫萨塔。但是，埃皮法尼乌斯已经去世了，不过，他有一名叫做鲁菲努斯的弟子，十分精通希腊文字书写，他就隐居在萨莫萨塔。梅索普去找了他，可还是一无所获，于是，梅索普开始静心祷告。他在睡眠中看不到梦境，在清醒时也看不到异象，但是他的心灵之眼却能看到一只右手正在石板上书写，因为石板上保留的文字痕迹正如雪地上留下的记号。他不仅有这样的景象浮于脑海，而且所有细节就像装进了花瓶一样在他脑海中聚集。在祷告中获得灵感后，他和鲁菲努斯共同创造了亚美尼亚语的字母表。鲁菲努斯修整了梅索普提供的文字，并根据准确的希腊语音节修改了亚美尼亚语的字母。紧接着，梅索普开始翻译，首先翻译的是《箴言》。在译完 22 本经典著作之后，他又与门徒埃克雷茨省的约翰、帕林省的约瑟夫一起把《新约》译成了亚美尼亚文。同时，他也把亚美尼亚文的书写艺术传授给了二人。

亚美尼亚文字、格鲁吉亚文字和阿鲁安克人的文字

阿卡迪乌斯去世后，他的儿子小狄奥多西继任国王。他与我们国家和我们的弗拉姆沙普尔国王关系都很好，但他没有把亚美尼亚交给他，而是交给了总督，以此实现自己对这片领土的掌控。同时，他还与波斯王亚兹克特议和。那时，梅索普带着亚美尼亚语的文字来到这里，遵照弗拉姆沙普尔与萨哈克大主教的吩咐，挑选出天资聪颖、口齿伶俐、嗓音悦耳、气息悠长的孩子集中在一起学习，通过这种方式在每一个省份都设立了学校。他指导整个波斯地区，但没有指导希腊地区，因为在那里，希腊人受凯撒利亚教区的管辖，使用希腊文字，而非叙利亚文字。

梅索普还到了格鲁吉亚，得到了巴库尔国王及摩西主教的帮助，借着神的恩惠，同一位翻译希腊语与亚美尼亚语的贾莱一道为格鲁吉亚创造了字母。他挑选了一些孩子，把他们分成两组，然后又从他的门徒中选出霍德泽安的泰尔和塔伦的穆舍作为他们的教师。

接着，梅索普又亲自前往阿卢亚尼亚与阿斯瓦伦国王和耶利米大主教会面。他们欣然听从了他的教诲，并为他挑选了一

些孩子。梅索普找了一个名叫本杰明的天才翻译，这名翻译是在阿纳尼亚主教的监督下，由休尼克族年轻的王公瓦萨克派到梅索普那里的。在这些人的协助下，梅索普为加加拉特人那粗哑、刺耳、野蛮、粗犷的语言创造了字母表。他留下他的弟子乔纳森作为监督，并任命了一些皇家牧师，自己则回到了亚美尼亚。回来后，他发现萨哈克大主教正忙着翻译叙利亚文，因为国内所有希腊语书籍都已被梅赫鲁扬焚毁，没有一本希腊语书籍可用，此外，当亚美尼亚分裂后，波斯统治者禁止除叙利亚语外的任何人在其领土内学习希腊文。

库思老二度统治亚美尼亚，波斯人沙普尔随后统治

在位 21 年后，弗拉姆沙普尔去世，留下一名叫阿尔塔什斯的 10 岁儿子。萨哈克大主教随后前往波斯国王亚兹克特的宫中，为被囚禁的库思老求情。库思老在阿尔达希尔死后便已获释，只不过在弗拉姆沙普尔在世时仍以自由之身被囚禁在一座名为阿努什的城堡中。亚兹克特应承下来，同意了他的请求。库思老被恢复了王位，并被派往亚美尼亚。库思老为加扎丰之子赫拉哈特求情，赫拉哈特在其父去世后被带离安伊舍利堡垒，并被放逐至萨加斯坦。然而，库思老再也没

见到他，因为他的第二次执政只有一年。

在那之后，亚兹克特在自己在位期间就没再任命库思老他们族系的人为亚美尼亚国王，而是任命自己的孩子沙普尔为亚美尼亚国王。他居心叵测，想利用社交、节庆、狩猎和与异乡人通婚等手段，笼络那些亲王，劝他们皈依马兹达教，并将他们与希腊一切两断。然而，这位愚昧的信徒，虽然一时得胜，却不知道"耶和华会将异端的思想赶走"（参见《诗篇》32:10）。哈马扎什普去世，萨哈克正在服丧，没有人能够把亚美尼亚的军队凝聚起来，所以沙普尔轻而易举地带着赫拉哈特及其手下士兵进入了亚美尼亚。但是，他却无法降服憎恨他的亲王们。不管是狩猎还是娱乐，他们都不会尊重他。

有一次，他们骑马追赶一群野驴，进入到一片崎岖难走的土地。沙普尔想要后退，但是莫克省的阿托姆嘲笑他说，"继续前进，波斯英雄，如果你还是一条汉子"。他答道："那你继续吧，因为和乱石地较劲你就是恶魔了。"还有一次，他们在芦苇丛里用火猎杀野猪，因为野猪周围都是火，沙普尔不敢骑马进入浓密的芦苇丛，他左顾右盼，骑着马遛来遛去。于是，阿托姆又对沙普尔说："波斯的英雄啊，你认为你父亲就是神，你何必犹豫呢？"沙普尔反唇相讥道："别嘲笑我了，你从火上过去，我就跟着你。因为如果我先走，我的马会受惊的。"阿托姆嘲笑道："这里又不是乱石地，肯定不应该我先走吧，所以，如果你称莫卡茨人（莫克省的家族）为恶魔，那么你们萨珊人就是一群娘们儿。"说着，阿托姆策马从火海中穿过，如同跨越长满鲜花的草原一般，留下沙普尔在原地发呆。过后，他意识到沙普尔不会默不作声地放过他，便去了莫克省的领地。

在另一场马球比赛中，沙瓦斯普·阿特鲁尼两次把沙普尔的球打飞。沙普尔用球杖敲了他一下，说道："记住你的身份。"阿特鲁尼答道："不错，我很清楚我是萨纳萨尔的后代，也是王子，所以我和你的弟兄一样都有资格亲吻国王的坐垫，我的姓氏就能说明这些。"说完，他带着极度的不屑飞快地离开了赛马场。

还有一次，在一场热闹的宴会上，库思老·加德曼纳茨当着沙普尔的面喝得酩酊大醉，还对着一名娴熟地弹着竖琴的女子露出一副色眯眯的样子。沙普尔对此大为光火，下令把他抓起来关在厅堂里。但是，库思老就像提里达特·巴格拉提德[1]那样，右手握着匕首径直往家里走去。没有一个宫廷

---

① 参见第二章"关于提里达特·巴格拉提德及其家族的姓氏"。

侍从敢碰他一下，因为他们早已了解他的为人。应你们的不当要求，我们只好叙述这件事。

沙普尔到亚美尼亚后的所作所为和随之而来的混乱局面

在亚美尼亚屈辱地统治了 4 年之后，沙普尔得知自己的父亲病倒了。他匆匆离去，吩咐副将捉拿亚美尼亚贵族，押往波斯。沙普尔刚到泰西封，在位 11 年的父亲亚兹克特就去世了。就在同一天，沙普尔也因大臣们的叛变而被杀害。随后，亚美尼亚王公们集结军队，由英勇无畏、战功赫赫的纳尔西斯·奇克拉茨伊率领向波斯军队开战。亚美尼亚军队把波斯军队打得溃不成军，阿普萨姆·斯潘杜尼杀死了波斯军队的将军。因为群龙无首，他们四处奔逃，在各处深山老林和人迹罕至的地方徘徊寻找藏身之处。在战斗中，瓦南德人显示了非凡的英勇。就这样，三年来，我们的土地一直处于混乱状态，动荡不安，遭到破坏和掠夺。于是，朝廷不再收税，道路对老百姓封闭，一切机构都陷入了混乱与毁灭之中。

那时，弗拉姆二世成了波斯王，伺机报复我国。他同希腊人和好，因此，未觊觎希腊人的领土。

梅索普赴拜占庭传教及五封信函

　　萨哈克大主教目睹了波斯的这一切苦难，便前往希腊西部的亚美尼亚地区，但没得到应有的对待。于是，他派梅索普和自己的外孙瓦尔丹向在拜占庭的皇帝狄奥多西呈上一封信，信中说：

　　　　亚美尼亚萨哈克大主教，致爱好和平的奥古斯都狄奥多西陛下，谨向陛下问好。

　　　　我知道我们的不幸陛下早有耳闻。我们坚信您的仁慈，所以来到您的脚下寻求庇护，但是，由于您的总督们的命令，我并没有在我教区获得应有的对待。他们非常憎恨我们，甚至不接受我们的字母表，这可是我派去的那个人在叙利亚经历了千辛万苦之后才拿回来的。现在，请陛下下令，请您不要让我们在自己的教区束手无策，而是让他们接受我们和我们的教义。祝您一切顺利。

　　他还给帝国首都的主教写了一封信：

亚美尼亚主教萨哈克，谨向宫廷大主教阿提库斯 ① 阁下致以崇高的敬意和良好的祝愿。

出于对您的信任，我们派了梅索普以及我的外孙瓦尔丹去见您，以便您能从他们那里了解到我们所受的苦难，并能像一位真正的亲兄弟那样帮我们向陛下求情。保重。

他还给安纳托利乌斯将军写了一封信，内容如下：

亚美尼亚主教萨哈克向英雄的安纳托利乌斯将军致意。谢天谢地，您给了我们一个安全的保护。所以，我要告诉您，我派梅索普先生和我的外孙瓦尔丹到王宫去，目的是缓解我们的苦难。我请求您，英勇的阁下，帮助他们完成这次旅行。祝您一切顺利。

安纳托利乌斯看到这封信，马上想起梅索普的威望，想起他先前的事迹已经在国外流传开来，便欣然地表示欢迎，甚至还写信把情况告诉了皇帝。安纳托利乌斯接到皇帝的命

---

① 阿提库斯在公元 405—425 年担任君士坦丁堡的大主教。

令，要他赶紧恭恭敬敬地护送他们前往下一站。因此，梅索普把他带来的大部分弟子，其中有莱昂提乌斯，也就是他们的执事，以及主教阿卡西乌斯，都留在了梅利坦城。而他和瓦尔丹则由安纳托利乌斯以极高的护送规格亲自送到德尔扬的主教金德那里。于是，两人来到拜占庭，如愿以偿地面见了皇帝，他们希望的和他们未奢望的都得到了满足。之后，二人带着狄奥多西大帝的信返回，信中如是说：

罗马奥古斯都和凯撒狄奥多西大帝向亚美尼亚大主教萨哈克致意。

我已下令拆开您的信，并已获悉您所写的内容。我们曾深深责备您如此衷心地拥护异教徒的国王而不肯屈尊给我们写一封信。尤其是您瞧不起我们这座城市里知识渊博的人，向某些叙利亚人寻求学术发明，这一点曾让我们深恶痛绝。所以，在我看到我的臣民对这一教导嗤之以鼻时，我曾感到十分欣慰。不过，梅索普这次来，对我们说，这一发明是上天赐予恩典才得以完成的，所以，我们已向他们致信，要他们刻苦钻研，并尊崇您为他们的导师，如同凯撒利亚的大主教那样，一切费用都应由

王室支付。我又命人在亚美尼亚修筑一座城邑，作
为你们自己的庇护所和我们的军营。为了表示对您
的敬意，我还任命了您的外孙瓦尔丹为将军，并将
梅索普列为首席神学家之列。祝您健康。

下面是阿提库斯大主教的来信：

　　君士坦丁堡自主教的主教阿提库斯，谨向我亲
爱的兄长、同僚、亚美尼亚主教萨哈克致意。
　　在一个如此不开化的国度里，您能享有这样的
盛名，我们应该感谢上天。不过，无论是圣格雷戈
里，还是纳尔西斯大主教，都曾为我们效劳，您却
没有把他们记录在案，这一点，我们不能原谅。更
使我们惊诧的是，您竟然忽视了我们教会源头——
圣约翰神父，他的教导，不仅使这座全球大都会，
甚至连全世界的基督徒，都受到启示。因此，他
被称为"金口"①。然而，您与他擦肩而过却还盼望

---

① 指约翰·金口，公元 4 世纪东方教父和早期基督教的重要人物之一。他
　　因为精彩的讲道被赋予了"金口"的称号，因此他的拉丁化名字也被翻
　　译为"John Chrysostom"。

能在激流中解渴，直至"全能的上帝"看见您白费力气，而将圣灵的恩典赐给您——我们对此感到欢喜。因此，在奥古斯都大帝的旨意下，您有权在本地区布道，或使波尔博里特派教徒改邪归正，或将他们驱逐出您的管辖范围。至于您派来的这位梅索普，我们已经把他任命为神父了。

亚美尼亚西部布道、整体和平与阿尔达希尔的统治

梅索普与瓦尔丹将军一到，就看见安纳托利乌斯将军已在亚美尼亚边境恭候。在得到皇帝的旨意之后，安纳托利乌斯将军表现得更加积极，圆满地完成了这次护送和协助任务。因为无论是贵族、总督、还是商贾、又或者是当地最有名望的人，都像是被神灵召唤一样，自愿聚集在梅索普身边，倾听神职布道。梅索普一行人在完成这些布道后，便迅速转向西部，就像他们向东部传道一样。

后来，萨哈克大主教邀请了许多亲王，他希望能从中斡旋，让他们团结在一起。波斯国王弗拉姆知道，如果没有这些亚美尼亚亲王，他就无法控制亚美尼亚。所以，他通过斯姆巴特提出签订一份协定的建议。于是，萨哈克让梅索普负

责西部地区的布道工作，并把自己的外孙哈马耶克和汉马扎普，也就是瓦尔丹将军的兄弟，交给梅索普。他吩咐他们，要把这群瘟神般的波尔博里特派教徒仔研究一下，如果他们不愿意在不使用武力的情况下通过说教来接受正统教义，那就让他们受到精神磨难，这些磨难包括他们像仇人之间那样仇恨；用正义的死亡来使得灵魂的非正义死亡蒙羞。萨哈克亲自来到阿拉拉特省，召集了所有的贵族，并把斯姆巴特及其外孙瓦尔丹派往波斯王宫。

波斯国王确认了这一协议，签署了赦免令，并应他们的请求，任命弗拉姆沙普尔之子阿尔塔什斯为国王，将其改名为阿尔达希尔，并把亚美尼亚交给了他，同时在亚美尼亚不设波斯总督。他统治亚美尼亚 6 年。

以狄奥多西奥波利斯命名的卡林城的建造

安纳托利乌斯将军奉国王陛下之命，来到了亚美尼亚，游历了多个省份后，最终选择了土地肥沃、水草丰美、作物丰盛的卡林省建起一座富饶的城市。他断定，这个地方就是这个国家的中心地带，它就在靠近幼发拉底河的源头处，河水从这里缓缓地向外涌出，汇成一大片像沼泽地一样的水域。这里有数不清的鱼类，各种各样的鸟类，这些鸟产下的蛋就是居民赖以生存的食物。沼泽地的边缘长满了藤蔓和芦苇。平原上草地丰美，盛产柑橘。山中蹄类和反刍类动物也越来越多，而且个个长得体型庞大、强壮有力、体态肥硕。

在秀丽的山脚下，有不少清泉涌出，这里便是他的城池所在。他命人在城池周围挖了一条深沟，用这些深沟打下坚实地基，然后在上面建造许多高耸而令人生畏的塔楼，其中第一座塔楼被命名为"狄奥多西"，以纪念狄奥多西大帝。另外，他还修建了一些类似于船头的尖塔以及面向山体的空心隔间通道。他在面向平原的北面也用同样方式进行城市建造。但在东西两面，他建造了圆形结构的塔楼。为了纪念奥古斯都，他在城内一处地势较高的地方修筑了许多仓房，并将其命名为"奥古斯都"。同时，他还利用地下管道为许多地区提供水源。他下令把这座城市武装起来，派兵驻守，并把它命名为"狄奥多西奥波利斯"，这样，皇帝的名字就可以因这座城市的名字而流芳百世了。在温泉之上，他用磨光的石块盖起了房子。

梅索普再次布道以及译者的拜占庭之旅

梅索普住在荒原和一片被称为"沙尔戈姆克"[①]的森林中，并为他召集的第一批人做了布道。他的布道并非一种艺术，而是一种使徒般的启示。他把莱昂提乌斯、斯佩尔省的以诺、德尔扬的主教金德、埃克雷茨省的达南留在那里当指导，自己则前往阿拉拉特，进入了他原来生活的戈尔登省。

在动乱时期，异端邪说再次出现，并且在许多人中间传播开来。圣梅索普在戈尔登省亲王沙比特之子朱特的协助下，最终将这群"异端"一网打尽。他知道这些"异端"最初来自巴拉斯[②]地区，于是就到那里去，说服许多人皈依正统，又把一小部分不肯改信正统教义的人放逐到匈奴国。他把这些地区的布道任务交给穆舍主教，自己则返回了加德曼[③]山谷，据他所知，在那儿也有那个邪教的支持者。他找到了那些邪教支持者，告诉了他们真实的情况，并且说服了加德曼的亲王库尔斯改变信仰，使他再度皈依正统教义。之后，

---

① 沙尔戈姆克，位于泰克地区的卡林北部。

② 巴拉斯，位于阿尔巴尼亚。

③ 加德曼，位于塞凡湖东部。

梅索普又受古加克的大祭司阿舒沙的邀请，以同样的任务，前往塔希尔省阿舒沙的公国。他向他们传道，使他们比他的弟子们更优秀，更坚定。当时的格鲁吉亚国王是阿德齐尔。

接着，梅索普与萨哈克大主教一同传教，随同来的有同一批弟子、约瑟夫与另一位从科尔布村来的名字叫伊兹尼克的同僚，梅索普与萨哈克大主教派他们前往美索不达米亚的埃德萨城。他们无论在哪儿发现了什么早期神父的著作，都会毫不迟疑地把它们译成亚美尼亚语，然后马上带回来。用不了多久，他们也许就会被派往拜占庭去做同样的事情。但后来，有几个冒牌弟子给他们发来了假信件，说萨哈克大主教与梅索普准备派其他几个门徒前往拜占庭。听到这样信息，他们未经二位导师允许，就带着强烈的求知欲，迫不及待地直接前往拜占庭，希望能获得更多的知识。由于他们精通希腊文，便开始翻译、著书。他们的同窗莱昂提乌斯和克里昂因为嫉妒也去了拜占庭，加入到他们队伍中。随后，约翰和阿德赞也到了。最初，约翰和阿德赞是萨哈克大主教和梅索普派去的，但由于行动迟缓，在凯撒利亚耽搁了不少时间。他们所有这些人都受到了拜占庭主教马克西米亚诺斯①的隆重欢迎。

---

① 马克西米亚诺斯，君士坦丁堡的大主教，公元 431—434 年任职。

亚美尼亚史

为无信者聂斯托利而举行的以弗所公会议

在当时，亵渎神灵的聂斯托利是不配当拜占庭主教的。按犹太教徒的说法，他亵渎了作为"人"之母而非"神"之母的圣母玛利亚。聂斯托利主张，由玛利亚所生的那个人，是有起点的，而那个有"起点"的人之所以被称为"圣子"，是因为他蒙恩于玛利亚，而另外一位"圣子"，却是蒙恩于远古时代的天主，这样，就有了二位"圣子"，三位一体就变成了四位一体。于是，神父们在临海的亚洲以弗所齐聚一堂。在一份书面声明中，罗马的塞莱斯廷、亚历山大的西里尔、耶路撒冷的尤文、安提阿的约翰、以弗所的梅姆农、埃梅萨的保罗、安塞勒的希奥多提乌斯等，共200位教父，联名谴责聂斯托利，承认我们的主耶稣基督是上帝儿子，圣母玛利亚是神的母亲①。

由于萨哈克大主教和梅索普均未到会，所以，亚历山大的主教西里尔、君士坦丁堡的主教普罗克勒斯、梅利坦的主教阿卡西乌斯都写信向他们发出了提醒。他们听说，聂斯托

---

① "上帝的母亲"是一个关于圣母的称谓，在基督教中，这个称号用来指代圣母玛利亚，该称号在亚美尼亚教会中被广泛使用。

利的几名异教弟子把摩普苏斯蒂亚的西奥多的著作带到了亚美尼亚。西奥多是聂斯托利的导师，狄奥多的弟子。随后，我们前面提到的那些翻译人员来到了塔伦的阿什提沙特，拜访了萨哈克大主教和梅索普，并呈上《以弗所会书》《教会章程》（共六章）和《圣经》的正确抄本。

萨哈克大主教和梅索普收到这份资料后，立即迫不及待地将它们重译一遍，然后和他们一起重新制定新的版本。但是，由于他们对我们的技巧不够了解，其译文在许多方面存在着瑕疵。因此，萨哈克大主教和梅索普派我们前往亚历山大，学习高雅的文体，并在学院接受严格的教育。

从天文学的比喻反思神学家、摩西本人及其求学历程

追求科学和精通天文学的人相信，星辰之光来自月亮，月亮之光来自太阳，而太阳之光则来自空灵的天堂。空灵的天堂将光注入两个区域，每一个区域都通过太阳发光，但都有其自身的次序，自转和时序。对我们来说就是如此，想想"灵性天父"的智慧之光中不断流淌出来的恩典绕过南部地区到达埃德萨城。我们轻轻地航行于档案卷宗的海洋中，在到达圣地时进行敬拜，也可以在巴勒斯坦停留学习一阵子。

我们同样不紧不慢地进入埃及这个举世闻名的国度，它既无极寒酷热，又无洪涝旱灾，它位于世界上最美之地，盛产水果，沿尼罗河还有一道天然的屏障。这不仅能提供保护，还能让埃及自给自足。有了尼罗河里的水，就可以控制旱情，并且能够保证耕地的需水量。当地自然条件下产生不出的东西，很容易从富饶的河流中产生，这使得埃及像一个富饶的小岛，12条灌溉水道或环绕或穿行其中。宏伟和谐的亚历山大城坐落于大海与人工湖之间，位置适中，环境宜人。来自大海和人工湖的微风使空气清新爽洁，海风和湖风连绵不绝，海风轻，湖风重，两者相辅相成，形成了非常有益于健康的气候。

它的领主已不是昔日坐拥五峰、环抱无垠世界的冥王，取而代之的是传扬福音的马可。这里已经不再是龙裔英雄的墓园，而是神圣光辉的殉道场。泰比月25日将不再是为负重动物加冕，向蛇致敬或派发蛋糕的迷信节日。取而代之的是，他们将在泰比月11日庆祝主显节，歌颂胜利的殉道者，欢迎陌生人，向穷人赠送礼物。他们不再向恶魔塞拉皮斯献祭，而是用耶稣的鲜血来代替。他们不再向冥府之神普罗迪斯冥王寻求神谕，而是向"新"的柏拉图学习各种科学力量。我的意思是：我并非一无是处的学生，我的学业并非毫无建树，而是在学习上有所成就。

虽然我们原打算向希腊驶去，但还是被风刮到了意大利。在拜谒了圣徒彼得和保罗的坟墓后，我们并未在罗马多作逗留，而前往希腊的阿提卡地区，并在雅典稍作停留。冬季一结束，我们就向拜占庭出发了。

亚美尼亚人图谋自毁的邪恶同盟

但是，亚美尼亚国王阿尔达希尔开始放荡自己，纵情享乐，以至于所有的亲王都对他深恶痛绝。他们找到萨哈克大主教，向他诉苦，请他帮助他们向波斯国王控告他，并废除他的王位，把王位让给波斯人。但萨哈克大主教说，"我觉得你们没有撒谎。也听到了这种丢脸的事。我常常训斥他，但他就是听不进去。所以，除非我们能够和希腊国王狄奥多西商议出一个办法来，否则，我们就必须暂时姑息他的过失，不能把他丢下不管，让那些无法之徒来取笑他"。

但是亲王们拒绝了萨哈克大主教的建议，甚至还想劝他接受他们的方案。可是，他却说："神不允许我把犯了错的一只绵羊喂给狼群，也不允许我不给一个受伤的人包扎伤口，任由他毁灭。假如就是当着一个基督徒国王的面我们声讨他，我也会毫不犹豫地那样做，因为希望帮助这个堕落的人，但在异教徒国王面前来声讨他，那将是对他更大的毁灭，所以我不同意这样做，这符合《圣经》中所说'不能把向你忏悔的人扔给野兽'。他虽是放纵不羁，却是受过洗礼的。他是个纵情声色的人，却是个基督徒。他在肉体上是放荡不羁的，但他从不怀疑上帝。他虽然有污秽的生活，但他并不是个拜火教徒。他在女人面前显得软弱，可是他并不言听计从。我怎么能用我生病的羊去换一头健康的野兽呢，因为它的健康就是对我们的惩罚。"

但是亲王们都认为他是在故弄玄虚，是为了拖延时间，好让国王有所准备，便对他说："既然你不同意我们不让他当国王，那么请你不要当祭司好了。"于是，他们同一位雄心勃勃的神父阿尔茨克的苏尔马克一道去见波斯王弗拉姆①，控告萨哈克大主教和阿尔达希尔国王同情希腊人。

废除亚美尼亚王国意志以及亵渎大主教的宝座

随后，波斯国王弗拉姆召见了亚美尼亚国王阿尔达希尔

---

① 弗拉姆五世，公元 421—439 年在位。

和萨哈克大主教。亲王们希望萨哈克大主教能在波斯国王面前指出阿尔达希尔的问题，但实际上他坚决不肯发表任何意见，不管是好是坏。因此，弗拉姆命令苏伦·巴列维家族的一位雅利安神父，作为萨哈克大主教的亲戚，对他和颜悦色地进行劝告。于是，那位神父便用一种极具劝导性的语气说："您是我的亲戚，我是为您着想才这么说的。只要您现在同意亲王们的要求，您就可以得到波斯国王的尊重，他会让您外孙瓦尔丹的地位在所有亚美尼亚人之上，与国王一样尊贵。"但是，萨哈克不同意，他说："我何必因为自己的虚荣和对权力的渴望，而去诋毁我的同僚？或者说，你们为何如此急切地想要推翻阿尔达希尔？我没听说他有什么叛乱之心。如果他们以他生活中的不道德罪名起诉他，但依据你们的法律他又值得你们尊重，虽然根据我们的法律他确实有罪，我这里就没有什么可对你们讲的了。"

于是，勃然大怒的弗拉姆就在王宫里展开了调查。他对阿尔达希尔置之不理，而是热切地倾听着那些诽谤阿尔达希尔的人，尤其是苏尔马克的恶言恶语。因为那些恶毒而又爱争强好胜的亲王们曾经答应让苏尔马克当主教，于是他就把自己的舌头变成了一把杀人的利剑，以求一己私利（《诗篇》56:5，63:4；《箴言》24:3）。最后，弗拉姆下令剥夺阿尔达希尔的王位，把他投入监牢并将其所有财产充公朝廷。萨哈克大主教也受到了相似的处罚，天主教的领地被充公给了朝廷。苏尔马克被任命为亚美尼亚大主教，取代了萨哈克的位置。弗拉姆对亲王们大加赞赏，并让他们与一位名叫维米尔沙普尔的波斯摄政王一同回亚美尼亚。

但没过一年，苏尔马克就被这伙亲王赶下了台。后来，他请求波斯国王让他在老家布兹努尼克省担任主教一职，以便让他和他的家人有个落脚之地。但是，当我们的亲王们要求弗拉姆再选一个继承人时，他却给了他们一个名叫布尔基绍的叙利亚人。布尔基绍带着狐朋狗友来了，还带来几个女人为他料理家务。三年来，他过着放荡不羁、挥霍无度的生活，把主教死后的那个教区的收入据为己有。亲王们再也无法容忍他，便再次要求弗拉姆把他换掉，并给他们一位具有同样宗教信仰的人。他们中有一半人要求让萨哈克大主教上台。

波斯派来萨哈克大主教及其牧师萨缪尔

如前所述，亚美尼亚贵族分成两派，各自派人向波斯国王请求一位牧师：阿茨鲁尼家族的王公瓦切以及阿肖特家族的王公哈马耶克，国王可以选择其一。而阿帕胡尼领主曼尼赫以及阿尔沙鲁尼克领主斯潘达拉特，萨哈克大主教可以选择其一。同样，希腊将军安纳托利乌斯从库卡亚里奇的卡林哈武克派人来提出请求，如果弗拉姆不愿将萨哈克留在其领土内，可将其转交给希腊领土。大多数主教、梅索普以及教会全体牧师共同派神父提鲁克也带着同样的请愿书去请愿，提鲁克神父是瓦南德省的扎里沙特城人莫夫西西克之子，是一位来自扎里沙特的主教。无奈，弗拉姆同意并满足两方的请求：他将大主教之位给了叫萨缪尔的另一位叙利亚人，以便他能与萨哈克抗衡，并将他的任务定为：协助摄政王，监督必要的税赋、法院和其他世俗机构。弗拉姆把萨哈克释放出来，留给他一些村庄，使他只在自己的教区居住，只有权进行传统的宗教教育，并为萨缪尔可能接受的人授职。

但当萨哈克获释时，弗拉姆把他叫到挤满人的大殿前，说道："我命你以信仰起誓，继续效忠于我们，不图谋反，也不受蒙蔽而信奉希腊人的错误信仰，不会成为亚美尼亚毁灭在我们手中的罪魁祸首，也不会使我们的仁慈结出恶果。"接着，萨哈克带着一种谦逊庄重的神情站起身来，仿佛是在发表演说似的用一种更加谦逊的语气述说着他尽的职责以及他们对他的不仁。他批评他们花言巧语的骗局、残暴邪恶的行径。除此之外，他还驳斥了他们所说的愚昧亵渎的言论，比如弗拉姆的所谓"错误的信仰"。他对他们的宗教嗤之以鼻，最后，根据异教听众的理解程度，非常适恰地解释了自己的信仰。他并没有把他华丽的说教向那些不信他的人抛撒，那样做只会被他们嘲弄，就像把珍珠抛撒给一群猪任他们踩踏（见《马太福音》7:6）。对于萨哈克的一番话，国王本人吃惊同时也有些困惑不解，波斯宫廷里所有人也都踮起脚尖侧耳倾听。最后，弗拉姆下令赏赐萨哈克一笔巨款，因为他是一位敢在他这样一位君王面前侃侃而谈的雄辩家和性格刚毅的壮士。

但是，他没有接受这笔钱，而是告诉苏伦·巴列维家族的他的一位亲戚："还是把钱留给弗拉姆国王吧。不过，请你说服他许我两件事：让他下令，今后亚美尼亚贵族等级制度未来不变，因为这是阿尔塔希尔制定的而且至今仍在实行，只有这样，波斯总督才会认识到他们不能任意改变制度。其次，弗拉姆国王要把我和你的亲戚赫拉哈特之子小加扎丰恢复到原来的地位，如果国王因对安息姓氏有偏见而无法恢复小加扎丰原来的地位，但至少也要让他进入其他地位稍低一些的贵族之列，但得是小加扎丰愿意去的随便什么地方，因为小加扎丰曾剥夺过他亲属卡姆萨拉坎或者阿马图尼的世袭地位以及他本来的荣誉（所以这些地方他不能去）。或者至少让弗拉姆国王给小加扎丰和他有皇家权位的儿子们同样信心，直到上帝慈悲地通过某位国王或者他人恢复他的世袭等级为止。现在，你要像个会说话的魔术师那样去让弗拉姆国王心软下来。"

弗拉姆对此表示赞同，下令一切照办。并恢复萨哈克的外孙瓦尔丹将军在他自己马米科尼扬家族的财产，并将他们派往亚美尼亚。

但是，假若有人要我们把萨哈克大主教对波斯人公开讲的那番话写下来，那就请他明白，那番话的全部内容从来没有人能够精准地讲给我们听过，而且我们也不愿凭空捏造一部这样的历史。我年事已高，体弱多病，无暇翻译，只求速度，无暇追求文风纯正，只是让您如愿以偿，解决您急迫需求。我把您当作一位与我们一样富有同情心的普通人来看待，而不像那些诗人说的那样，君王与上帝是近亲，同宗同源。

萨哈克大主教的不称职同僚萨缪尔及其所作所为

萨缪尔继承布尔基绍的衣钵坐上大主教的宝座之后，变得更加贪得无厌。他不但洗劫了已故主教的教区，而且还洗劫了在世的主教的教区。他不允许萨哈克大主教为已故主教指定继任者，而对于在世的主教，他则编造出许多模棱两可的理由，说他们拒绝向王室缴税并借题发挥把他们赶走，把整个领地据为己有。因此，所有的主教都又恨又鄙视他。他们对他的千般恶行忍气吞声，也没人见过他的真容，但只有苏尔马克例外，而且他的教区范围也扩大了。萨缪尔利用皇家法令把别人的大部分财产都交托给了苏尔马克。其他主教忌妒之心大起，也纷纷效仿，试图通过自己辖区的亲王获得波斯国王的同意。

然而，萨哈克大主教却从没有停止给年轻的教友们提供精神营养，他在瓦拉尔沙帕特市的大教堂里安置了梅索普，而他自己则住在巴格雷万德省，那里正是圣格雷戈里为提里达特国王和所有亚美尼亚人洗礼时天国光芒照耀之地。

萨缪尔在亚美尼亚生活了5年后去世。于是，亲王们齐聚一堂，向萨哈克大主教认错道歉，恳请他重登大主教之位。他们答应要获得波斯王的认可，还签署了一项法令来保证给萨哈克的侄子们同等职位。可是他不肯接受，当众亲王强求和劝说时，他告诉他们说这是很久以前就在睡梦中发生的预示未来的一幕。听到这番话，亲王们总算明白了，这是神的旨意，要收回萨哈克家族的大主教职位。在场的诸位亲王不由得热泪盈眶，痛哭起来。福音中有这样一句话："固然，有人会受到伤害，但那些陷人于伤害的人必将有祸了。"
（《马太福音》18:7，《路加福音》17:1）。于是，他们不再劝说
萨哈克大主教，都静静地离开了。

萨哈克大主教与圣梅索普相继离世

统治波斯 20 年后，弗拉姆二世驾崩，将帝国传给了其子
亚兹克特。然而，这位国王却忘了条约，一登上王位，便立
即向尼西比斯的希腊军队发起进攻，并命令阿塞拜疆军队攻
入我国境内。他们到了之后，便在巴加万祭坛之城附近安营
扎寨。

后来，萨哈克大主教病入膏肓，他的门徒便把他送到一
个叫布鲁尔的村庄里居住，因为那里他很熟悉，也不会受到
波斯军队的侵扰。从亚美尼亚的库思老王朝最后一任国王统
治的第 3 年起到波斯王亚兹克特二世统治的第一年初为止，
萨哈克在担任大主教 51 年后，于亚美尼亚历法 1 月底在布鲁
尔村去世，那天恰好是他的生日。他虽是一介凡人，但给人
们留下了永生不灭的回忆。他敬畏上帝，并为此改变自己的
生活，直到晚年也无一丝瑕疵。我们应当用崇高的字眼来称
颂这位值得敬重的大主教。不过，为了避免冗长的话语使读

者感到乏味，我们将把这个话题放在书本之外，并在其他时间讨论，正如我们早些时候承诺过的那样。

萨哈克的副主教耶利米和萨哈克的门徒以及他的孙媳妇马米科尼扬王妃（瓦尔丹将军夫人德斯特里克）一同将他的遗体安葬在塔伦省的阿什提沙特村庄里。他的门徒们就像虔诚的修道士一样在各地设立修道院，召集信众。

萨哈克大主教去世6个月后，在亚美尼亚历默赫坎月37号，胜过当时任何一位贤者的圣梅索普于瓦拉尔沙帕特城逝世。傲慢与阿谀奉承永远不会在他的生命中找到一席之地；恰恰相反，他温文尔雅，和蔼可亲，在每个人面前都表现出他天使般的美德。他有着天使般的容貌、丰富的思想、华美的语言；他行动上坚持不懈、身躯上光彩照人、品行上无可言喻、决策上高贵可靠、信念上坚定不移、希望上恒久忍耐、爱心上真诚、传道上孜孜不倦。

但是，由于我不能把他的全部优点都说出来，所以我就把话题转到掩埋他的遗体上。我曾听过不少值得信赖的人讲到，那位蒙福之人逝去时，他房子上方闪现淡淡的十字架样的光亮。这种东西不会很快消失，也并非只有几个人可以看出来，而是所有人都可以看出来，所以许多无信者就受了洗礼。接着，人群开始骚动，为掩埋这具高贵的躯体，分成了三派（事实上，早在梅索普去世之前，他们就已经开始准备他的后事了）。一些人主张，遗体应该送到他的故乡塔伦省；另一些人则认为，应该按照梅索普的遗愿，遗体运往戈尔登省；还有人说，要葬在瓦拉尔沙帕特城，葬在殉道者的墓地。但是，勇敢的瓦罕·阿马图尼的想法占了上风。一方面由于他拥有强大的宗教权威，另一方面也是因为波斯给了他一个亚美尼亚总督职位，所以他仍有很强的世俗权力。他决定把梅索普的遗体运回阿瓦沙坎村。当着众人的面，那个闪烁的十字架幻影在灵柩上摇曳不定，直到瓦罕和仆人塔提克将他下葬，十字架才消失。奉圣梅索普遗嘱之命，他的弟子约瑟夫，一位来自瓦约特斯德佐尔的霍洛茨村庄的神父，临时继任了大主教职位。

痛惜安息家族亚美尼亚王位被剥夺，哀叹圣格雷戈里家族大主教之职被剥夺

亚美尼亚啊，我替您难过，为您忧伤！您胜过所有北方的民族，然而，您的君王、神父、谋士、导师，都从名册上消失了；而且，和平遭到破坏，混乱滋生，正统教义受到动摇，邪门歪道被愚昧所强化。

亚美尼亚教会啊，我真替您感到难过！您失去了圣殿的荣光，失去了尊贵的神父和他们的同伴。我再也见不到您那一群理智的羔羊在那青草之地和静水之畔（《诗篇》22:2）吃着青草；再也见不到它们聚在一起躲避狼群，只能看见他们四散开来，散落在荒原、悬崖之上。

头两次被罢免是有福的①，因为新郎和伴郎只是暂时不在，而你，新娘子②，忍受了这一切，保持了你的贞洁，正如某人③之前所说的那样。曾经，某个情人④胆大妄为地袭击了你那一张纯洁无瑕的床铺，而你，新娘子，仍然是清白的。尽管新郎被逼走了，专横的儿子⑤对母亲傲慢无礼，就像继子羞辱陌生的继父那样，但是你没有表现出彻底的孤独和忧伤。你盼望着新郎及伴郎回来，但你仍像个真正的家父一样（《玛拉基书》3:17）照顾着孩子们。但是这一次，再也不会有什么回来的希望了，因为新郎已经随着他的伴郎⑥离开了人世。

对他们来说，与基督同住，在亚伯拉罕的怀抱中安歇，

---

① 指萨哈克。

② 指亚美尼亚。

③ 指尼萨主教格雷戈里。

④ 指苏尔马克、布尔基绍和萨缪尔。

⑤ 指亚美尼亚贵族。

⑥ 指马什托茨。

聆听天使的歌声，才是最好的方式。只是因为你是寡妇①，没有人照顾，所以，得不到父爱指引的我们才会如此难过。我们和古人不一样，但我们经历了更多的苦难。摩西已经去世，但约书亚并没有代替他领导人民进入应许之地（《约书亚记》1:2）。罗波安被他的子民抛弃，由纳巴特之子继位（《列王纪3》12:16-21）。这并不是狮子的问题（《列王纪3》13:24），而是时光的流逝耗尽了这位上帝的仆人②。在以利亚复活之后（《列王纪4》2:11），以利沙没有留在那里继续用灵膏抹耶户（《列王纪4》9:1-6），而是请求阿撒兹勒来消灭以色列（《列王纪4》13:3）。西底家被俘后（《列王纪4》25:7），却哪里也找不到泽鲁巴贝尔来重新掌权（《以斯拉纪1》5:8）。安条克强迫我们背弃先祖的律法，而大祭司马提亚却不反对。战火已经包围了我们，马加比不救我们。现在既有内讧，又有外患：内部教派斗争，外部异教恐怖，而我

---

① 指亚美尼亚。

② 这句话来源于圣经《列王纪1》13：24，大意是说一位神的使者被要求不要在某个地方吃喝或回头，但他违抗了这个命令，在回来的路上被一只狮子杀死了。这句话"不是狮子而是时光的消耗耗尽了这位上帝的仆人"是在描述这个事件的意义，即使不被狮子杀死，这位仆人也注定会在某个时候死去。这也被视为关于上帝对那些不遵守他的命令的惩罚的一种象征。

　　　　　　　　　　　　　　　　　　　🍂 亚美尼亚史

们中间却没有一个谋士，可以为战争出谋划策。

唉，逝者如斯夫！一段令人悲伤的历史啊！我怎么能忍受这一切呢？我怎样才能加强自己的思维和表达能力，以言辞回报父辈对我的养育之恩呢？他们通过教育给予我生命，培养我和别人一起成长。当初，他们希望我们能凭借博学睿智和完美才能而重返辉煌，而我们也正匆匆前往拜占庭，准备在婚宴上大胆而轻盈地翩翩起舞，并高唱婚礼之歌。可是现在，我只能对着坟墓哀悼，可怜地叹息，而不是庆祝活动。我没能及时赶到这里，看他们最后一眼，没有来得及为他们合上双眼，也没有来得及听到他们的遗言和祝福。

经受着这些痛苦的折磨，我为失去我们的父亲而痛彻心扉。哪里去找他面对正义时温柔，面对邪恶时威严的眼神？哪里去找看见自己的好学生时，嘴角那一丝轻松的笑意？哪里去找他迎候仆人时的那种喜乐之心？哪里去找那种能够缓解长途劳顿并使劳苦人得到解脱的希望？召唤者已死去，避风港已失去，帮助者已弃我们而去，鼓励的声音也归于沉寂。

从今以后，谁还会尊重我们的教诲呢？谁会为这位学生的进步感到高兴呢？当儿子胜过父亲时，谁来表达一位父亲的喜悦呢？谁能使那些站起来反对有益教诲的傲慢无礼之徒闭嘴呢（这些傲慢无礼之徒无论换多少老师和多少书本，他们的心都被每个字震碎和撕裂。这是一位先圣说的话）？那些自以为是的人，什么话都听不进去，他们嘲笑我们，鄙视我们，觉得我们不可靠，没有科学依据，所以，他们为别人做消极的表率。谁能让他们闭嘴，训斥他们呢？有谁能用鼓励之词慰藉我们呢？又有谁能对该说和不该说的行为作出限制呢？

每当想到这些问题，我就会从心底发出一声叹息，一股热泪涌上心头，情不自禁地想要说些悲哀的话。可是，我不知怎样才能表达我的哀伤，也不知为谁流泪。该不会是写给我那可怜的小国王吧？由于他和家人的阴谋计划，被人抛弃，还没来得及品尝死亡的滋味，就已经屈辱地退位让贤。或者是为我自己而写吗？因为那给人带来财富的王冠，已从我头上摘下。还是写给我的父亲大祭司和他那崇高的思想呢？因为他无论走到哪里都滔滔不绝，从而引领众人，带来和谐，而且他的掌控能力也能指挥众人，管束异己之口（《雅各书》1:26）。或者就是写给我自己的？因为我现在被遗弃，被剥夺了圣灵之爱。抑或是写给我父母的吧？他们是我的训诲之源，他们曾灌我以公道洪流洗除邪恶行为。或者还是写给我自己的吧？因为我干渴而枯竭，所以渴望着他的忠告之水。或者还是为了我们国家一直遭受的磨难或为了我们对未来的期待?

　　谁会和我们一起分享这些事情，分担我们的伤悲呢? 谁会与我们共患难，协助我们记录这些事情，或者帮助我们将这些事情写进碑文呢? 耶利米啊，醒来吧，像先知那样，看看我们所受的苦难以及将受的苦难吧! 预言一下愚昧无知牧羊人的兴起吧，就像撒迦利亚曾在以色列预言过一样(《撒迦利亚》11:16)。

　　导师们愚昧无知，自以为是。他们只为自己感到骄傲，而不为神所召。他们并非被神所选择，而是被金钱所收买而来。他们既贪心又忌妒，已经抛弃了神所居之地——慈爱温柔。他们化身为恶狼，袭击并残害自己的门徒，撕碎自己的"羊群"。

　　修道士虚伪、浮夸、虚荣，爱荣誉甚于爱神。

　　神职人员高傲、懒散、轻浮、懒惰、讨厌学习，他们不爱听有教益的话，却热衷于做生意和滑稽表演。

　　读书人不愿读书，只愿讲道。未经考试，就成了神学家。

　　普通信徒傲慢无礼、桀骜不驯、大喊大叫、游手好闲、酗酒无度，他们已经背离了他们的传统。

　　士兵表现令人厌恶、假仁假义，他们憎恶武器、胆小怕事、贪图安逸、放荡不羁、盗窃成性、酗酒无度、强夺掠抢。

王公们背叛国家、与窃贼强盗为伍、贪得无厌、掠夺土地。他们堕落、道德败坏，与自己的奴仆志趣相投。

法官不仅毫无人性，还虚伪、狡诈，他们贪赃枉法，也不懂法，喜怒无常，还好争辩。

所有的爱、所有的羞耻统统在他们身上消失殆尽。

那么，除了上帝已经抛弃了我们，天气已经改变了性质之外，这又意味着什么呢？春天干燥，夏天多雨，秋天酷似冬季，冬天极度寒冷，凛冽而漫长。风带来了暴风雪、酷热和瘟疫。乌云带来的是雷鸣和冰雹，而雨却下在不合时宜的季节，也毫无用处。气温极低，导致结霜，水面的上涨毫无用处，但是水位的下降让人无法承受。大地贫瘠，生物也没有增多，但却发生地震。此外，社会上也是一片混乱，正如谚语所说，"不信神的人不得安宁"。(《以赛亚书》57:21）

君王们是暴虐和恶毒的统治者，他们让百姓背负沉重的负担，下达令人难以忍受的命令。统治者冷漠无情，不去纠正混乱。朋友背叛，敌人壮大。他们出卖自己的信仰，以换取这种虚荣的生活。大量强盗在各地出现。房屋遭到洗劫，财产被掠夺。伟人沦为奴隶，名流却身陷囹圄。王公贵族被流放，平民百姓遭受无尽虐待。城市被攻占，要塞被毁，村镇遭破坏，房屋被焚烧。还有无休止的饥荒、各种疾病和各种死亡。人们已忘记对信仰的虔诚，那么等待他们的只能是地狱。

愿上帝保佑我们以及所有虔诚敬拜他的人。愿一切有情众生的荣光归于神。阿门！